儚《はかない》

市川染五郎

一
在る

歌舞伎役者であること。
八代目市川《いちかわ》染五郎《そめごろう》であること。
舞台に立ち続けることで、
それらを必然にしたいと願う。

まえがき

「『儚《はかない》』という字がいちばん好きです」

好きな字は、と問われて、市川染五郎はためらうことなく答えた。

人に夢。人が見せる淡い夢。

それは、まさしく歌舞伎の舞台だと言う。

「毎日、同じ内容を演じても、同じ舞台は二度とない。演じたそばから消えていくけれど、だからこそ懸命に演じるし、歌舞伎の舞台は美しいと思うのです」

舞台はすべてフィクション。「儚」という言葉には、一瞬一瞬の可能性を生きる役者の覚悟が表れている。

彼がこの言葉を口にしたのは、本書に寄せる武蔵坊弁慶《むさしぼうべんけい》の絵を描くための画材を選んだ日のことだ。

画材店での染五郎は、初めて手にする刷毛《はけ》や太筆を選ぶにあたって、さらさらと筆の走りを確かめると、ものの十分も経《た》たぬうちに、太さのちがう四本の筆を選び終えた。『勧《かん》進帳《じんちょう》』の弁慶を脳裏に浮かべ、迷うはずもなかったのだろう。

「儚」への思いを聞いて、襲名披露公演の源《みなもとの》義経《よしつね》役が決まった時に彼が語った言葉を思い出した。

「『勧進帳』の義経は舞台に出ると、笠《かさ》を深くかぶってただじっと座っている役。弁慶と富樫《とがし》のやりとりの時、観客は二人の迫力に惹《ひ》きつけられ、義経を見る者は少ない。注目されていないからこそ難しいと、父から聞かされました」

父の松本幸四郎《まつもとこうしろう》は、義経に挑む染五郎に「今、自分が持つものの何倍もの力を出さなければできないでしょう」と、高麗屋《こうらいや》の跡目としての覚悟を促した。

そんな彼と、画材店を出て立ち寄ったカフェで話をした。

——今いちばんの楽しみは？

「キャンプです。三泊四日で福島の裏磐梯《うらばんだい》に行ってきます」

——スケッチとかする？

「いや、スケッチはしないですね。ただ山に登るだけみたいな」

——では、何が憂鬱？

「中間試験」

つい忘れてしまいそうになるが、染五郎はまだ中学生だ。

歌舞伎の舞台が儚《はかな》いだなんて、なぜそれを知り、なぜその言葉が好きだと言えるのか。その言葉の先に何があるのか。

八代目市川染五郎のことを、もっと知りたいと願った。

目次

扉題字、絵　市川染五郎
ブックデザイン　坂川事務所

二 旅する

松本《まつもと》金《きん》太郎《たろう》から市川染五郎へ。
移ろう時の流れをカメラが捉えていた。
襲名を半年後に控えた夏の日、箱根《はこね》芦《あし》ノ湖畔《こはん》にて。

「舞台に立つと、自分の声がよくわかります。
声変わりは辛《つら》かった。
父からは、「自分も他の役者さんも
通ってきた道、病気ではないので
安心して演《や》りなさい」と言われました。」

稽古をちゃんとやらないと本番ではできない。
すべては基本が大事だと思っています。

将来自分が演じることができるなら
果たしてどう演じるか、
絵は将来の自分と照らし合わせて
描いています。

「あ、四回。」

「役者は
こしらえで役になる。
化粧をする時に
顔の最初の
土台をつくる。
最初のところが
すべてにおいて
大事だと思います。」

「武蔵坊弁慶を演りたい。」

市川染五郎（いちかわそめごろう）
歌舞伎役者。二〇〇五年三月、東京都生まれ。
二〇〇七年六月、歌舞伎座『俠客春雨傘《きょうかくはるさめがさ》』高麗屋齋吉《こうらいやいつきち》役で、本名の藤間齋《ふじまいつき》として初お目見得。
二〇〇九年六月、歌舞伎座『門出祝《かどんでいおう》 寿《ことぶき》 連獅子《れんじし》』童《わらべ》のちに孫獅子《まごじし》の精《せい》役で、
四代目松本金太郎を名乗り初舞台を踏む。
そして、二〇一八年一月、歌舞伎座『勧進帳』源義経役他で、八代目市川染五郎を襲名。
祖父・二代目松本白鸚《まつもとはくおう》、父・十代目松本幸四郎とともに高麗屋三代襲名披露を行う。

三 紐《ひも》解《と》く

物心ついた時には、
舞台に立っていた。
初お目見得から十一年。
舞台に立ち続けた
少年の軌跡を、
振り返る。

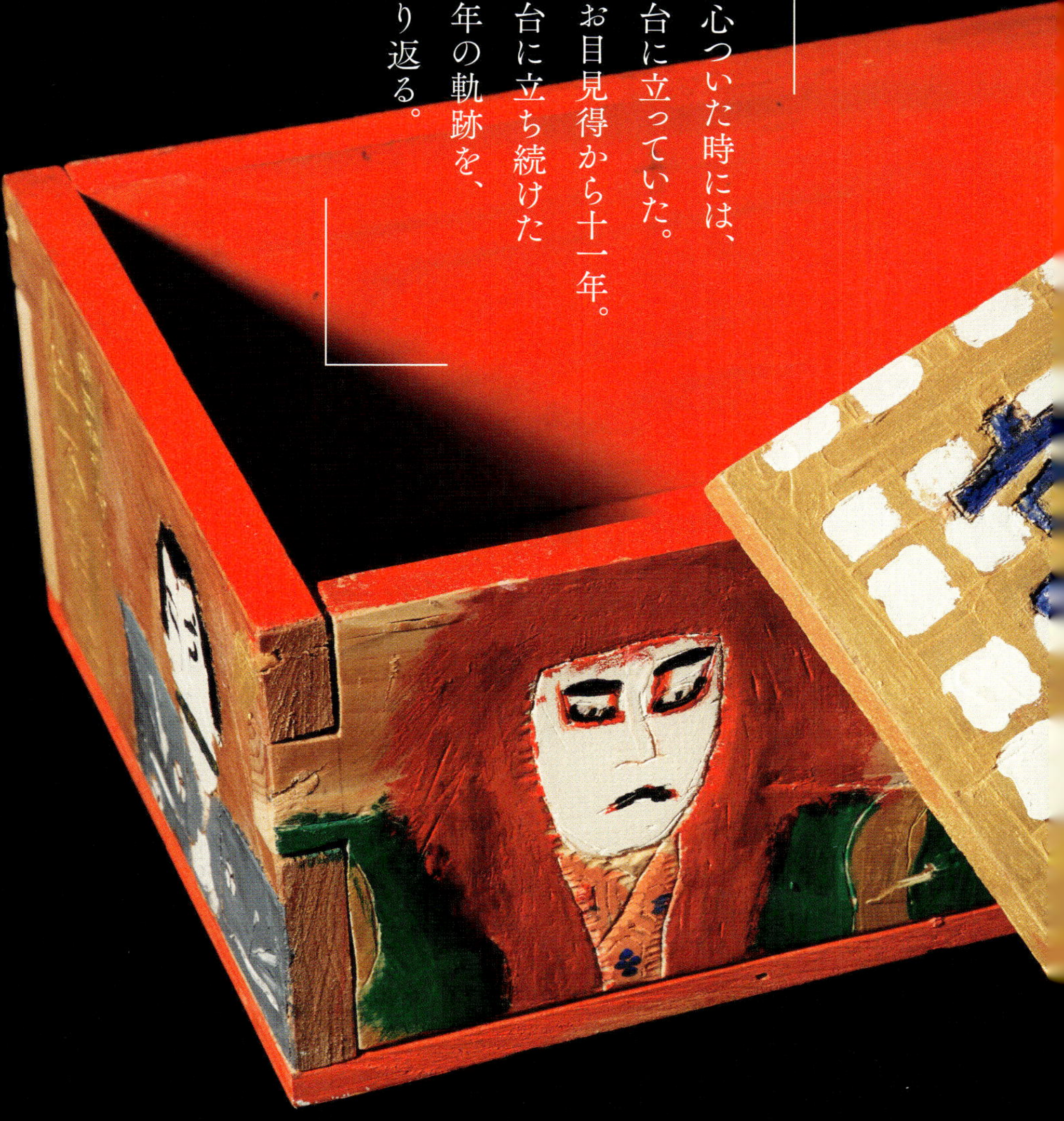

小学校の卒業制作につくられた「高麗屋箱《こうらいやばこ》」。
武蔵坊弁慶、仔獅子《こじし》の精《せい》、大伴黒主《おおとものくろぬし》、仁木弾正《にっきだんじょう》の「演《や》りたい四役」が描かれている。

高《こう》麗《らい》屋《や》箱《ばこ》

小学校の卒業制作として、一つの箱をつくった。高麗屋への思いが詰まった箱にしたいと、その箱の蓋に「高麗屋箱」と記し、武蔵坊弁慶の絵にあわせて三《み》ツ銀杏《いちょう》、四《よ》ツ花菱《はなびし》、浮線《ふせん》蝶《ちょう》の家紋を彫刻刀で刻んだ。

蓋の背景には、高麗屋格子を敷きつめた。高麗屋格子は、江戸時代に四代目松本幸四郎が『鈴ヶ森《すずがもり》』を演じる際に着た衣裳《いしょう》の柄で、そのために江戸の町中で大流行したことから名付けられた。箱の中は朱色に塗り、底には松羽目物《まつばめもの》（能や狂言を歌舞伎化した演目）の舞台の背景に置かれる松の大木を描いた。

蓋と側面には、これから金太郎が演じたい四役が描かれた。『勧進帳』の武蔵坊弁慶、『連獅子《れんじし》』の仔獅子《こじし》の精《せい》、『積恋雪関扉《つもるこいゆきのせきのと》』の関守関兵衛《せきもりせきべえ》実は大伴黒主《おおとものくろぬし》、そして『伽羅先代萩《めいぼくせんだいはぎ》』から仁木弾正《にっきだんじょう》。錦絵のようなあでやかな姿には、四役への思いがこめられている。

弁慶は、花道を引っ込む飛六方《とびろっぽう》の場面。金太郎は弁慶を繰り返し描いてきた。繰り返し描くことで、父や祖父、曾祖父らの手や脚、そして身体《からだ》の使い方などを、自分の身体に刻みこもうとするかのように。

黒主は、ぶっ返《かえ》りの場面。自らの本性《ほんせい》を顕《あらわ》すと同時に、瞬間的に衣裳を変えて見得をする。弾正は、鼠《ねずみ》に化けて巻物を盗んだあと白煙の中でもとの姿に戻り、不敵な笑みを浮かべる場面。いずれも、高麗屋代々が当たり役としてきたスケールの大きな悪役だ。

憧憬を現実にするのは、高麗屋に生を受けた者の務めでもある。

「僕が描く歌舞伎の絵のほとんどは自分が演《や》りたい役です。将来自分が演じることができるなら果たしてどう演じるか、絵は将来の自分と照らし合わせて描いています。そして何よりこの四役は高麗屋に縁《ゆかり》のある役なんです」

金太郎の言葉に、細い身体の中に息づく伝統の力を感じた。

「誰の演じた弁慶があなたの中にしみ込んでいますか?」

直裁な質問を金太郎に投げた。彼は少し考えて、

「やっぱり曾祖父・初代松本白鸚の弁慶です」

と答えた。初代松本白鸚(八代目松本幸四郎、一九一〇~八二年)は、『仮名手本忠臣蔵《かなでほんちゅうしんぐら》』の大星由良之助《おおぼしゆらのすけ》などを当たり役とし、人間国宝に認定された昭和の名優である。

金太郎は映像で曾祖父の弁慶を見たという。

「弁慶の人物像が浮かび上がる。ぴったりとはまっている。弁慶は荒々しくて強い人だと、義経を一心に守ろうとする優しい心の持ち主であると、そういうことを曾祖父の弁慶から感じるんです。最後の飛六方は迫力のあるもので、とても印象に残っています」


「三 紐解く」(34〜99ページ)は、「ハムレットを読む」

「妹からの手紙」を除き、おもに松本金太郎時代の発言により構成しました。

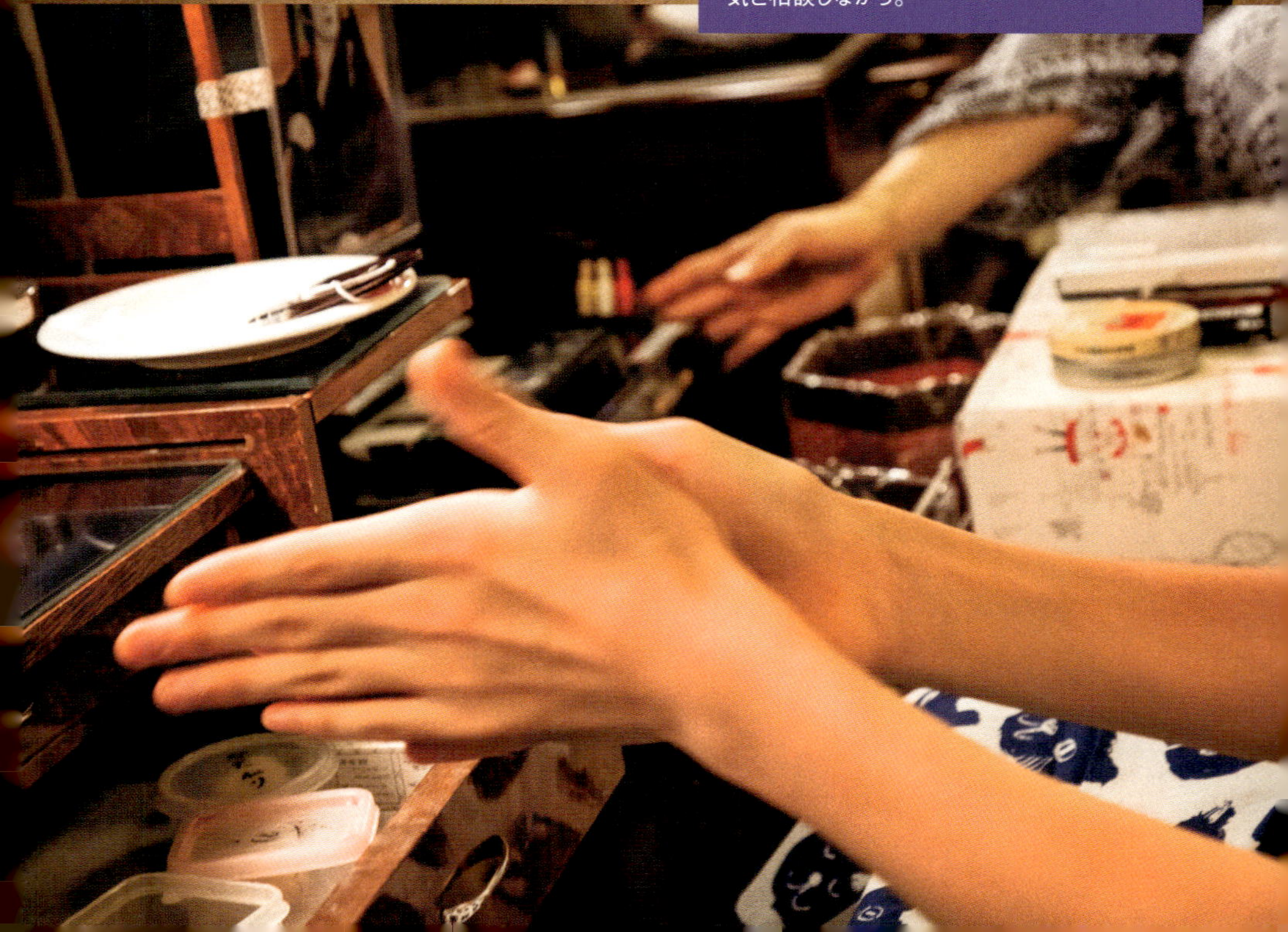

上:2017年8月、歌舞伎座『東《とう》海《かい》道《どう》中《ちゅう》膝《ひざ》栗《くり》毛《げ》』の楽屋で。伊《い》月《づき》梵《ぼん》太《た》郎《ろう》の役に入っていく金太郎とそれを見守る父・染五郎（当時）。
下:化粧は自分でする。その日の体調、肌、天気と相談しながら。

上:眉は、石《いし》練《ね》りと呼ばれる硬い鬢《びん》付《つ》け油《あぶら》をライター の炎で溶かし、眉をつぶしていく。
下:右は妹の藤《ふじ》間《ま》薫《かおる》子《こ》。楽屋は役づくりの場でもあり、束《つか》の間《ま》の休息の場でもある。

金太郎は続けた。

「雑誌の連載で弁慶を描いた時には、曾祖父の弁慶の写真を見て目張《めは》りの形を研究しました。曾祖父の篠懸《すずかけ》（山伏が着る麻の法衣《ほうえ》）は祖父のとは柄がちがいますし、絵を描く時はそんなところにも気を遣いました」

『勧進帳』は、歌舞伎十八番の一つ。松羽目物として演じられるようになったのは、天保《てんぽう》十一年（一八四〇年）江戸河原崎座《かわらさきざ》でのこと。安宅《あたか》の関《せき》（今の石川県小松市《こまつし》）を通ろうとする源義経主従《しゅうじゅう》と関守・富樫左衛門《とがしのさえもん》の攻防の物語だ。展開の鍵を弁慶が握り「山伏問答《やまぶしもんどう》」「杖折檻《つえせっかん》」「延年《えんねん》の舞《まい》」など、見せ場は枚挙に暇《いとま》がない。弁慶の演技は、飛六方などの荒事《あらごと》の豪快さに加え、明快な台詞廻《せりふまわ》しや舞踊の技術も重要になる。

祖父二代目松本白鸚の弁慶は、富樫が「いかに、それなる強力《ごうりき》、止まれとこそ」と義経を押しとどめる場面が白眉だ。その声を聞いて立ち戻った弁慶は、押し合って四天王と番卒の間に入ると、「なに、判官殿《ほうがんどの》に、似たる、強力めな。一期《いちご》の思い出な」と力の限りに義経を打ちすえる。

高祖父七代目松本幸四郎（一八七〇～一九四六年）は「生涯弁慶役者」といわれ、生涯に千六百回以上も弁慶を演じた。『勧進帳』が年に二度、三度と上演されるほどの人気狂言になったのは、七代目幸四郎の功績といえる。また、シェイクスピアの『オセロ』を演じるなど、新しい演目に挑戦する高麗屋の進取の気風を確立した。三人の息子に恵まれ、長男は十一代目市川團十郎《いちかわだんじゅうろう》（一九〇九～六五年）、次男は八代目松本幸四郎、三男は二代目尾上松緑《おのえしょうろく》（一九一三～八九年）となり、それぞれが弁慶、富樫、義経を演じて競いあった。

金太郎は、その七代目幸四郎に特別な思いを抱いている。

「弁慶役者として千六百回を超えたいという思いがあります。高麗屋の先祖がまったく演ったことがない役を演ってみたいという願望もあります。そのためにも、高麗屋の芸を継承していかなくてはと思っています。それがきちんとできないと他の役もできない」

金太郎の祖父二代目白鸚は、かつて十二代目團十郎（一九四六～二〇一三年）との対談の中で弁慶という役柄の難しさをこう説いた。

「おじいさん（七代目松本幸四郎）の弁慶の場合は、動きにしても、もちろん荒事の形式は踏んまえているんだけれども、大変わかりやすいというか、非常に説明的というか、泣くところでも、怒るところでも、笑うところでも、動きがお客さまによく伝わるようにしているんですね。おやじ（初代松本白鸚）の弁慶を同じ個所を見て比較してみると、それがもうひとつひねってあるというか、心理解釈というようなものが加味されているみたいですね。だから、必要以上に動いたり、説明的にアクションをするということを極力避けているような、だから、父の弁慶は、弁慶の風格というか重厚みがあるという評価だったと思うんです」（『演劇界』一九八二年五月臨時増刊号）

高麗屋三代襲名披露興行の演目の中でも『勧進帳』は特別な存在だ。その弁慶を、金太郎は高麗屋箱の蓋に描いた。特別な役への、特別な思いをこめて。

そんな高麗屋箱を、これから紐解いていく。

父からの手紙

襲名の三ヵ月前、
父・藤間《ふじま》照薫《てるまさ》は息子・藤間齋《いつき》へ、
一通の長い手紙を書き贈った。
市川染五郎の跡目としての
覚悟を促す内容だった。

小学校の運動会で
6年間使用したフェルト製の応援旗。
父がデザインし、母が縫いあげた。

いっくんへ

こんなに長い手紙を書くなんて、初めてだ。

なんだか改まった感じで緊張するけれど、せっかくの機会なので思うまま書きます。

今年は、初お目見得から数えるとちょうど十年。場所は先代の歌舞伎座でした。祖父、父、そして大先輩たちが立ってきた歌舞伎座。僕が初舞台を踏んだ歌舞伎座。その舞台に立たせたいと密《ひそ》かに願ってきました。

演《だ》し物《もの》はお父さんの初舞台と同じ『侠客春雨傘』。お芝居の最中に中断してご挨拶をするという設定。いっくんは僕と同じくおじいさんに手を引かれて花道から登場。

記憶はないかな。二歳ね……。僕の二歳の記憶は……ない。当時の写真を見ても……ない。でも時々思い出してみて。もしかしたら何か思い出すかもしれないから。

僕の初舞台は六歳だったから覚えてることが……あれ？　出てこない。でもはっきりと記憶にあるのは、幸太郎《こうたろう》（現・三代目松本高麗五郎《まつもとこまごろう》）さんに、「足の爪伸びてるから切ってね」と言われたことくらいで……。なんでそれを覚えているのかはわからないけれど。ともかくもお芝居に出ることができて、とても嬉《うれ》しかったことを漠然とだけれど、覚えている。

二歳のいっくんは、楽屋入りの時間がいつもはちょうどお昼寝の時間だったから、その前に晴海《はるみ》のあたりに車を止めて車の中で昼寝をしてから、楽屋入りをしていたんだ。

なかなかうまく眠れない時は、車でぐずったりもして。

お腹《なか》が痛くて小川先生のところに駆け込んだこともあった。

白髪も一本生えた。

出る直前まで、グミを食べていた。

唯一のセリフ「がんばるぞ！」を言わない時もあった。父の提案で、『勧進帳』の弁慶の六方をしてみようとなり、途中から生き生きとやっていた。

でもお芝居に行くことを嫌がったことはなかった。

ひと月を完走したことは、染五郎としては、まずまずという感想。父としては、感謝。舞台に立ってくれた感謝の気持ちでした。僕の夢だったから。あの先代の歌舞伎座に立ったという記録が、二歳の子供ではあるので記憶は覚束《おぼつか》ないかもしれないけれど、いっくんにとって誇らしく思える時が来ることがあればと。

そして、二年が経《た》ち、今度は「松本金太郎」を四代目として名乗り初舞台のお話がやってきた。いっくんと面と向かって正座をして、「松本金太郎として、初舞台を踏みますか？」と尋ねた。

いっくんは、「はい」と答えた。

これも、記憶に残らないことかもしれない。誘導と言われることかもしれない。初舞台を踏むことは、役者としてのスタートを切るということ。それを考えるととてつもない決断かもしれない。その決断をさせるためには、説明が何もなかったかもしれない。

でもそれはあえてそうしました。

ひいひいじいじから歌舞伎役者の家である。じいじが歌舞伎役者として生きている。僕も大好きな歌舞伎にしがみついて舞台に立ち続けている。その環境がすべてだから。何があるから、何ができるからではなくて、お芝居が大好きだからこそ生まれる目標に向かって、それを達成するために舞台に立ち続けています。四歳ながらも、その環境で生きているのだから、

「初舞台を踏むか踏まないか」

いっくんの感性からの返事が聞きたかったのです。「はい」と言われて、僕はホッとしたでもなく、嬉しい気持ちよりも先に、

「始まった。何かが始まった」

大きな責任を背負った気持ちになりました。お芝居をしたいという感覚を大事に育てていきたい。そして、その気持ちがあるならば、一日も早く歌舞伎の戦力になるべく、教えていこうと。

僕の初舞台の準備が始まったのは、五歳の誕生日の日にばあばに、

「僕もお芝居やりたい」

と言ったのがきっかけでした。このことがなくても舞台に立つ機会はあったのかもしれないけれど、歌舞伎役者の家だから役者をやっている。生まれる前から道が決まっているから義務的に役者になったわけではない。物事をはっきり言えない僕が、僕の意思をはっ

きり伝えたという行為が、自分の意思でこの世界に入ったんだということが、それからの役者人生の支えになっています。

いっくんはどうかな。どう思うようになるかな。

しっかりと見届けていきたいです。

さて、いっくんの初舞台の演目は『門出祝寿連獅子』という『連獅子』を、父、僕、いっくんでできる踊りを新たに作っていただきました。

場所は同じく先代歌舞伎座。

大きな課題は毛振《けぶ》り。

僕は十二歳で『連獅子』の仔獅子をしましたが、初日二日前に首を痛めるアクシデントがあり、それでもなんとかやりおおせることができました。体ができていない子供には、なかなか危険な演目。いっくんは四歳。やりたい気持ちに体がついていけるのか。これが課題でした。

家での稽古では、黙々と僕を信じて毛の振り方を身につけていきました。新橋演舞場の舞台で稽古もしました。所作板《しょさいた》は、足袋を履くとかなり滑るので、よほど踏ん張る力がないと、振ることができません。いっくんは稽古中、毛を振っている時フラフラとなり、倒れてしまいました。

「もう一度やって」

いっくんは、涙ぐみながら再び毛を振りました。失敗と背中合わせのものなのだという怖さを感じてくれたかな。

稽古は、唯一失敗できる舞台だと思っています。というのは、決していい加減にするわけではない。行き当たりばったりでやるものでもない。稽古を積み重ねてきて、合わせ稽古に入ったら、思いっきりやってみる。そこから二十五日間勤めることができる調整をする。だから稽古では失敗するかもしれないスレスレをやらないといけない。

言葉にするととても理屈的になってしまうけれど、稽古を積んで自分にできる最大をお客様に見せつける、自分以上の何かを発揮できる心を身につけて欲しいと思っています。うーむ、あれして欲しい。こうなって欲しいということは書かないと思っていたけれどなんだかそうなってしまっている。深呼吸して、もとい！

それからも僕のいない興行に出る機会もあり、小学校を早退しての舞台もあり、大きな経験をさせてもらっている。そして、顔をずーっとしてもらっていた市川《いちかわ》八百稔《やおとし》さんが亡くなった。僕は地方公演で一緒にはいない時だったけれど、それを聞いたいっくんは悲しみいっぱいで泣いたんだとお母さんに聞きました。

顔をする約五十分間。顔を終わるまでじっとして待っていなければならない。なかなか大変なこと。でも八百稔さんは、その日その日のいっくんの体調を考えて、時には笑わせ、時には眠らせるように静かに、いっくんを操縦されていました。それも含めて、あれほどの顔が上手な方はいないです。

けれど八百稔さんは、「毎日、あーでもない、こーでもないとか考えること。新たな発見があること。それがあるから長いことやってこられるんだね。楽しいね」と言われていた。あれだけの技術と経験があるのに、無限に向上心を持っている生き方が素晴らしかった。それを命がけで教えてくれました。

まだ自分で顔をするには早いかと思ったけれど、これからは自分でしようと始めたね。うちでくんちゃん（妹の藤間薫子《ふじまかおるこ》）と一緒に顔の稽古もしたよね。今は、安定して毎日同じ顔ができるようになってきた。時間も四十分でできるようになった。八百稔さんが使っていた眉潰しの石練《いしね》りをとかす時に使うライターはもうガスはないけれど、お守りがわりに楽屋に置いて。

さて、『勧進帳』についてお話しします。

お父さんはじいじの『勧進帳』の弁慶に出会ったことが、いま歌舞伎役者であり続けているすべてです。生まれた時から弁慶に憧れて、いつかは演じたいと思い続けてきました。憧れたことがエネルギーとなって、歌舞伎の世界に入った。弁慶をする自分を夢見て。なんでそんなに好きなのか……。なんでなのかよくわからない、というのが結論かな。

「なんでやねん！」って答えだけれど、弁慶と富樫の問答、さらには詰め寄り、弁慶の豪快な延年の舞から幕外《まくそと》の飛六方が……大好き、……かっこいい。曲も大好き、義経一行が登場する直前に演奏する寄せの合方《あいかた》は、聞くたびにワクワクする。それから……キリがない。つまりは『勧進帳』の全部が好きだから、弁慶が好きだから、だから『勧進帳』が好きなんです。

曾祖父・七代目幸四郎が千六百回以上演じて以来、代々当たり役として演じ続けているものです。高麗屋の代表的な役柄です。でもこの歴史は結果であって、これを演じることを歴史にしようという目的で歴史ができたものではないと思っています。『勧進帳』が好きだから、「歌舞伎」が好きだから、それを多くの方に共感していただくために積み重ねられたから歴史ができたのではないかと思っています。

僕は、演じることを目標にして、四十年以上『勧進帳』弁慶を初演できるまでにかかりましたが、いっくんは、今掲げている目標に向かって、一日も早く実現できるように突進していきましょう。僕はいっくんが突進できるための力をつける役目だと思っています。

いっくんの四歳の「はい」と「お芝居が好き」という気持ちをエネルギーとして、時には支えにして舞台に堂々と立っていきましょう。

今は声変わりで成長期の真っ最中。自分の体の変化に不安が多いかもしれません。お芝居で演じる役も大人の役ばかりになってきます。知らないこと、できないことを積極的に知っていく、できるようになるために、一緒に頑張っていきましょう。

染五郎、そして父より

稽古と化粧

**「稽古が大事」「化粧が大事」――それが彼の持論。
ここ数年、歌舞伎座八月納涼歌舞伎のお楽しみは『東海道《とうかいどう》中《ちゅう》膝栗毛《ひざくりげ》』だ。
稽古と化粧に込めた思いを、その楽屋で尋ねた。**

金太郎時代の鏡台。
父が演じる義経の写真の下に、
豊臣秀頼《とよとみひでより》を演じる2枚の写真が飾られていた。

「伊月梵太郎《いづきぼんたろう》は自分にしかできないし、自分のためにつくられた役です。伊月は齋（いっき）という本名、梵太郎はボン吉《きち》（犬のぬいぐるみ）から取った役名です。新作なので自分が初めて役を勤める光栄さがあります。同時にその役にどのような色をつけていくのか考えました」

金太郎には、この役への特別な思いがある。伊月梵太郎は、奥州信夫《おうしゅうしのぶ》の領主の若君。お供の五代政之助《ごだいまさのすけ》とともに、歌舞伎座見物に訪れたところ、殺人事件に巻きこまれる（二〇一七年「歌舞伎座捕物帖《こびきちょうなぞときばなし》」）。殺人の疑いをかけられた弥次郎兵衛《やじろべえ》と喜多八《きたはち》を助けながら、事件を解決していくという役柄だ。

歌舞伎の全体稽古は驚くほど期間が短い。

公演と公演の合間のわずか四、五日で、稽古場での台本の読み合わせ、実際の動きを加えた立ち稽古、本番さながらの総ざらい、そして舞台稽古までを行う。それまでに、台詞と動きを頭に入れておかねばならない。全体稽古までに、自分の役をつくりあげておくことは、年齢に関係なく、歌舞伎役者の義務である。

「芝居は、稽古をちゃんとやらないと本番ではできない。とくに新作は稽古場がいつもより大事な気がします」

古典歌舞伎であれば、先達《せんだつ》のつくってきた「型」がある。たとえば『勧進帳』の義経であれば、「これやこの〜」から始まる長唄に合わせて、花道をどう進み、どこで四天王に道を譲るか、その時の所作がどのようであるか、すべて決まっている。しかし、新作歌舞伎の場合は、どんな化粧をしてどんなふうに発声するのか、喜怒哀楽の表現を含めて、自分で一からつくりあげていかなければならない。

芝居をするうえで、金太郎がずっと悩まされてきたのが発声だった。

二年前から変声期が始まり、自分の意識と関係なく、声が裏返ってしまうことがあるのだ。とくに舞台では大きな声量が求められるので、不安が大きい。

「声変わりはほとんどの人が経験することですが、人によって期間もちがう。早く終わってほしいというのが願いです」

祖父からはこう教えられた。

「声変わりの時期は台詞が前より言いにくくなるから、語尾をはっきり、とくに母音をはっきりと言いなさい」

母音を強調することで、発音がきれいに聞こえる。祖父の教えは、変声期だけではなく、芝居の基本に通じるものだ。

父からは、

「自分も通ってきた道、また他の役者さんも通っている道、病気ではないので不安に思わないで安心して演りなさい」

と助言を受けた。

子役から、大人の役へ。変声期にある金太郎は、今まさに、大きな変わり目にあるといえる。

子役は大きくはっきりゆっくりと台詞を言い、芝居の基本を身につける。しかしこれからは台詞廻しも、より感情表現が求められるようになっていく。

＊＊＊

身につけるべきは、身体や声の演技だけではない。

化粧もまた基本であり、それぞれの家の特徴が表れる。

金太郎は幼い時、顔の左半分を父に描いてもらい、右半分を見よう見まねで自分が描くことで化粧を覚えていった。

「ぼくがいちばん大事にしているのは化粧です。憧れは高麗屋の代々の役者の方々です。小さな頃は白塗りの役だと、舞台が終わった後、楽屋で白塗りの上に隈取《くまどり》をして遊んでいました。幼いなりにその役をイメージして描いていました。それは隈取の勉強になったと思います」

歌舞伎の化粧は、石練りと呼ばれる硬い鬢付《びんつ》け油《あぶら》で眉を潰し、その上に白粉《おしろい》を塗る。スポンジで叩《たた》いてムラを伸ばすと、白塗りの顔ができあがる。そこに、役柄に応じて口、眉、目張り、隈取などをしていく。

歌舞伎の化粧は、決まり事が多い。役者はそれを守りながら、さまざまな工夫をこらして自分の「顔」をつくりあげていく。

「顔の土台をつくる最初のところが大切です。下地の鬢付け油をむらなく塗るというのができないと、その後、白粉を塗って紅を足すのもうまくいかない。ほとんど歌舞伎役者の方は幼い頃からやっていることですから、今のうちに勉強しておかないと、これから困ると思うのです」

金太郎に化粧の基礎を教えてくれたのは、長年、子役の顔師をしてきた市川八百稔だ。八百稔は一九五九年に歌舞伎の世界に入って以来、歌舞伎役者として数々の舞台に出演する一方、多くの子役の化粧も担当してきた。

金太郎の担当も八百稔だった。金太郎は、八百稔のことを「八百《やお》じい」と呼んで懐いていた。

「したじ（下地）、やおじい（八百じい）、したじ、やおじい」

向き合ってそう声を掛けあうのが、化粧を始める時の合い言葉だ。

二歳の六月、本名で初お目見得をした時にも、八百稔が白粉を軽く叩いて目張りを入れた。それだけの化粧でも、二歳の子は嫌がるものだが、八百稔は小さい金太郎をあやしなだめて、舞台に上げた。支度ができても出番の直前までそばで見守り、芝居が終わると「また、明日な！」と帰っていった。

二〇一四年三月に七十七歳で亡くなるまで、八百稔は化粧をすることで、舞台に立つ金太郎を支え続けた。

「八百稔さんは優しい人でした。自分の顔をするより人の顔をする方が難しいと思う。八百稔さんはすごく上手で今でも感謝しています」

八百稔が亡くなると、金太郎は自分で化粧をするようになった。

二〇一五年、『紅葉狩《もみじがり》』の山神《さんじん》を演じた時には、初めて隈取をした。

隈取は、おもに時代物に登場する人物に使われる。顔の血管や筋を誇張して表現したものので、役柄によって使われる色が決まっている。

山神は、紅葉狩りの宴席で鬼に酒を盛られて眠らされた平維茂《たいらのこれもち》の主従を起こそうとする役柄で、勇気や正義などを表す赤色の隈を取る。

「躍動感、生命力が大事なんです。指でぼかす時、父に見せたらまだ細いと言われました」

隈取はその役を引き立たせるためのもの。きれいに取る必要はなく、遠くから見て目立つことが大事だ。

「父の化粧はとても上手だと思います。父は化粧を、今では会うことのできない先祖との対話と位置づけているのです。眉が下がってはいけないとか、眉の先端の部分が盛り上がってはいけないとか」

家がちがえば、同じ役でも化粧が変わる。金太郎は、伝統を引き継ぎながら、自分らしい表現を模索していく。金太郎にとって化粧とは、普段の自分から役者の自分へ変わるための儀式と言っていいかもしれない。化粧をすればこそ、役になりきることができるのだ。

金太郎には、いつも心に留《と》めている祖父の言葉がある。

「役者は同じ芝居を何度もするけれど、その日にいらっしゃるお客様にとってはその舞台がすべてなんです。だから毎日最高の舞台をお見せしなくてはいけない。悪いところを直しながら良かったところはできるだけ変えずに、毎日演るだけです」

これまで『勧進帳』の弁慶を千百回以上演じてきた弁慶役者の、あまりにも重い言葉だ。

＊＊＊

日々、舞台に立つということは、途方もないことのように思える。

それでも、好きな字はと問われて迷いなく「儚《はかない》」と答えた染五郎は、これから大人の役に次々と挑んでいくことだろう。

高麗屋箱に刻んだ四役を演ずる日は、遠くなく染五郎に訪れる。

藤間家の
アルバムから

舞台に立ったご褒美は、憧れの役の隈取。
ヒーローになる瞬間が大好きだ。

親から子に、
歌舞伎の心が伝わっていく。

孫獅子の被《かぶ》りものをして得意げに練り歩く兄と、
後ろをついていく妹。

5歳。祖父と父、八百じいと。
『寺子屋《てらこや》』菅秀才《かんしゅうさい》役で出演中の楽屋で。

4歳の11月、東京・目黒《めぐろ》の碑文谷八幡宮《ひもんやはちまんぐう》へ。
家族そろって七五三のお参りに。

獅子を舞う

『連獅子』は、高麗屋箱に刻んだ四つの演目の一つ。親獅子よりも動きが激しい仔獅子が好きだと言う。静かな役柄よりも、今はたいへんな役に挑戦したい——。そう思い描く獅子像に迫る。

『連獅子』は、河竹黙阿弥《かわたけもくあみ》作による歌舞伎舞踊である。白毛の親獅子と赤毛の仔獅子による豪快な「毛振り」が楽しい、能の『石橋《しゃっきょう》』を題材にした「石橋物」の代表作だ。

まず、能舞台を模した松羽目の舞台に狂言師の右近《うこん》、左近《さこん》が現れる。二人は手獅子を携え、親獅子が仔獅子を千尋《ちひろ》の谷に突き落とし、駆け上がってきた仔獅子だけを育てるという獅子の子落とし伝説を舞い踊る。

やがて右近は勇壮な親獅子の精に、左近は仔獅子の精となる。親子は牡丹《ぼたん》の花の匂いをかぎ、「狂い」と呼ばれる激しい動きを見せはじめる。前に垂らした長い毛を左右に振る「髪洗《かみあら》い」、腰を軸に鮮やかに回転させる「巴《ともえ》」、宙《そら》に打ちつけるように振る「菖蒲打《しょうぶうち》」など、親子の息の合った毛振りが最大の見せ場となる。

その『連獅子』について、襲名直前の歌舞伎座楽屋で話を聞いた。傍らには父がいた。

＊＊＊

「『連獅子』は好きで、小さい頃からかっこいいと思っていて、マフラーで毛振りの稽古をしていました」

そう語る金太郎の初舞台は二〇〇九年六月、『門出祝寿連獅子』の孫獅子の精役だった。当時金太郎は四歳。毛振りをすることは首の負担を考えると危険を伴う。けれども、父は金太郎の『連獅子』を好きと思う気持ちの強さに従い、正しい振り方をすれば問題ないと考え、稽古をした。

その公演中、父には印象的な出来事があった。

「金太郎が『連獅子』の所作を間違えた日、演目を終えた後に僕が強い口調でだめ出しをしたんです。『絶対にだめ』、そして『間違ったことはわかっているか？』と。金太郎は、泣き出した。自分で間違っていたこともわかっていたし、わかっているのにしてしまったことが悔しくて泣いたのでしょう」

父は、これで明日から出たくないと言われたらどうしようかと不安に思ったそうだが、金太郎は翌日からも舞台に立ち続けた。

「僕も子どもの頃から人前で何かすることが苦手でした。でも歌舞伎が好きなんです。歌舞伎は人前でするしかない。がんばってその緊張と闘いながら演じるしかない。緊張の中でも何かを表現したいというひたむきなエネルギーが、観《み》ている人には魅力として映るような気がします。とにかく歌舞伎が好きで、好きな気持ちで一番になろうという思いで、今日までがんばってきました」

そう父が語れば、息子も言葉こそ少ないがきっぱりと応じた。

「その怖さや緊張感は、舞台に立たないとわからないものですね」

台詞が飛ぼうがつっかえようが、舞台の上では誰も助けてくれない。毛振りで毛が絡まってしまっても、だ。

金太郎には、舞台の怖さや緊張感が身にしみてわかっている。

二〇一六年晩秋、四国・高知の舞台で再び『連獅子』を演じた。

金太郎が仔獅子を父が親獅子を勤めた。たった一日だけの『連獅子』。十一歳の金太郎は大はりきりで挑んだ。しかし振りすぎて毛が絡まり、毛振りが一度止まってしまった。

「後で映像を見て父と踊りの分析をして、もっと毛を引いてから出さないといけないと言われました。ただぐるぐる回すだけではダメだとわかった。頭だけではなく身体を使って振らないとダメだということも……」

金太郎はそう述懐する。

親子で演じる『連獅子』の決定版は、十七代目中村勘三郎《なかむらかんざぶろう》（一九〇九〜八八年）と当時勘《かん》九郎《くろう》だった十八代目中村勘三郎（一九五五〜二〇一二年）の共演だろう。以来『連獅子』は、親子や家族で共演することが多くなり、親子の情愛が見せ所になっていったが、以前は二人の狂言師による芸の競いあいに重きを置いた演出となっていた。

攻めあう親獅子と仔獅子——それが父の描く理想の『連獅子』の姿だ。

一度、毛振りを始めたら、親獅子は仔獅子の毛振りを見ることはできない。

「どこまでついてくるかということなんです。命を賭《と》したやりとりには、子を気遣うということなど決してない」

その言葉は、息子に対する信頼に支えられていた。

＊＊＊

後日、父のいない場で染五郎は言った。

「父にはちょっと勝てない。あんなに速く毛を振れる人は見たことがないので。自分もがんばって速く振ったら、高知の時には毛が引っ掛かってしまいました。でも、次は親獅子を崖から突き落とすつもりで演じたいと思っています」

尊敬する父だからこそ、対等に渡りあいたい。

息子の理想とする『連獅子』もまた、攻めあう親子だった。

弁慶役者への憧憬

染五郎が将来演じたい役の筆頭は、なんと言っても『勧進帳』武蔵坊弁慶だ。弁慶については、小学四年生当時の作文が残されている。その全文をここに収める。

ぼくは二〇一四年、十一月、歌舞伎座に出演しました。演目は『勧進帳』です。関守という、関所を通っていいかさいばんする人の太刀持ち役でした。一時間くらい正座をしていて、動かない役で、せりふはないけど少し大変な役です。七歳の時にもやったことがあります。

『勧進帳』は歌舞伎の中でも有名な作品です。主役は武蔵坊弁慶。この役を、ぼくのじいじは千百回以上上演していて、すごいなあとずっと思っています。ぼくもしょう来、やっ

てみたいあこがれの役です。そしてお父さんも、「四十年間あこがれ続けてきた役」と言っていました。そんなお父さんが十一月に、初めて弁慶をやることになりました。ぼくはすごくおどろきました。

十月のある日、じいじがお父さんに弁慶のおけい古をしてくれる日を見ることができました。おけい古を見ながら、お父さんがかつらもかぶり、いしょうも着て、顔（化しょう）もしたすがたを思いうかべていました。じいじは、「もう少し声ゆっくり」など声をかけていました。その後もおけい古をして本番にそなえました。舞台で本番と同じようにこしらえをしておけい古する日は、お客様はいないけどきんちょうしました。ぼくの役は太刀を持って、ずっと正座で座っています。けい古はそれほど大変ではないけれど、太刀を渡すタイミングが合わないと曲とずれてしまうから、その場面が近づいたら、じいじの動きをよく見て、すぐに立てるように準備をします。でも、ずっと正座をしているので、立ち上がるのが大変でした。

ついに十一月『勧進帳』初日をむかえました。始まる前からすごくきんちょうしていて、どきどきがおさまりませんでした。でも、その一方で楽しみでもありました。そして、じいじ、おおじ（二代目中村吉右衛門《なかむらきちえもん》）、お父さんに、「お願いいたします」と、ごあいさつをしました。ぼくはじいじと同じ楽屋で、おおじとお父さんは別の楽屋です。

その後、いしょうを着てかつらをかぶりました。するといっそうきんちょうしてきました。舞台に行くと、客席から聞こえてくるお客様の声がいつもより大きく感じました。

いよいよ幕が開く時間です。塩を自分にまいて清め、太刀を持ってスタンバイします。幕が開きました。下手（客席から見て左）からじいじのあとを続いて出ました。客席を見ると、お客様でほぼうまっていました。ぼくは舞台のはしの自分の位置に座りました。しばらくしてお父さんが花道から出てきました。弁慶のかっこうがすごくに合っていました。そしてぼくの出番は終わりました。

最後にお父さんが六方でひっこみます。六方とは、片足でトントントンと三回ずつふみながら花道を歩くことです。ぼくはこの場面が一番好きです。はく力があるからです。ここが見せ場の一つでもあります。でも、ぼくは幕がしまっている時は舞台にいるので、六方が見られません。だから地下の通路（奈落《ならく》）を走って、花道の方に行きました。六方はそんなに長い時間やらないので、衣しょうもかつらもつけたまま、幕がしまったら急いで走りました。息切れしながらもまにあいました。よかったです。お父さんも汗がだらだらでて、息が切れていました。

ぼくもこの公演はいつもよりがんばりました。なぜなら、ひいじいじ（初代松本白鸚）の追ぜんこうぎょうだからです。ひいじいじはぼくが生まれるずっと前に亡くなってしまいました。会いたかったです。でも、ビデオなどで見ていて、かっこいいなあと思っているあこがれの人です。

この公演は、毎日が初日や千秋楽と同じくらいきんちょうしました。ひいじいじの追ぜんや、お父さんが初めて弁慶をやったからです。お父さんは自分の夢がかなったけど、ぼくも同じ、弁慶をやりたいという夢があります。しょう来、お父さんみたいにいろいろな役を経験して、夢をかなえたいです。自分の夢に向かっていくことも大切だけど、今回、お父さんが弁慶がやれたということも、自分の夢のようにうれしかったです。

＊＊＊

高麗屋に生まれれば、おのずと『勧進帳』に接する機会が多くなる。

平家打倒の功績があったものの、不仲となった兄・源頼朝《みなもとのよりとも》に追われる義経一行は、山伏姿に身を窶《やつ》して奥州平泉《おうしゅうひらいずみ》を目指し、安宅の関にさしかかる。追捕《ついぶ》の命を受けて待ち構える関守の富樫。焼失した東大寺《とうだいじ》再建のための勧進を行っていると言って、たまたま持っていた巻物をそこには書かれていない勧進の意図を考えながら読み上げるなど、知力の限りを尽くして通り抜けようとする弁慶。疑いのかかる主君の義経を杖《つえ》で叩《たた》いてまで守ろうとする忠義心に、富樫は感銘して通行を許す。『勧進帳』は、三者が織りなす「智《ち》・仁《じん》・勇《ゆう》」の感動の物語である。

金太郎が、弁慶を演りたいと思ったのは、祖父と同じ舞台に立ってからだと言う。

「弁慶に対する思いがいっそう強くなったのは、初めて富樫の太刀持音若《たちもちおとわか》を演った時です。同じ舞台にいると、祖父の弁慶が舞う延年の舞の足音や息吹《いぶき》が伝わってきて、弁慶の役の大きさが実感できました」

その時に父がくれた「金太郎太刀持用覚書」を、金太郎は大切にしている。

「音若は父が出演しなかった時（二〇一二年十月）と弁慶を演じた時（二〇一四年十一月）の二回演りました。出演しなかった時に父が書いてくれた『金太郎太刀持用覚書』は、今でも大事にしています。その中で父は大事なことを三つにしぼって書いています。

一　すわっているじかんがながいので、がんばって！

二　おしばいをおぼえるくらい、みているように

三　たちをわたすとき、おくれないように、しっかりとわたしてください

富樫は袖の長い着物なので、刀の出し方をとくに注意しました。少し外側に差し出して、富樫が腰のところでぱっと受け取れるように研究しました」

二〇一八年一月、歌舞伎座で高麗屋三代襲名披露公演が始まった。

口上に続く演目は『勧進帳』だ。弁慶に染五郎改め十代目松本幸四郎、富樫に二代目中村吉右衛門（大叔父《おおおじ》）、そして義経には金太郎改め八代目染五郎。

「『勧進帳』の義経は舞台に出ると、笠《かさ》を深くかぶって座ってただじっとしている役。弁慶と富樫のやりとりの時、観客は二人の迫力に惹《ひ》きつけられ、義経を見る者は少ない。注目されていないからこそ難しいと、父から聞かされました」

義経を演ることとは弁慶を忘れること。舞台に上がれば義経は弁慶の舞も見ることができない。役によって立ち位置が変わり『勧進帳』が全然ちがった物語に見えてくる。それぞれの視点によって芝居が変わる。

山伏に変装した義経には二つの美しい型がある。網代《あじろ》の塗り笠をかぶっているが、花道に出て七三のところで裏を向き、杖を斜めにして山を見上げるところが一つ。もう一つは関所を通過後、笠を取って上座に直り、弁慶を相手に「判官御手《おんて》を取り給ひ」と右の手を差し出すところ。ここで顔を見せる仕草は、義経の一番のしどころとされる。

「松羽目ものは能がベースです。台詞も能のような言い廻しです。強弱や速さが変わる。あんまり過剰な芝居はしない。それで義経の心情をどのように表していくのか、少ない台詞の大事さを感じています」

＊＊＊

義経以外にも数々の貴公子役を演じてきた。『寺子屋《てらこや》』菅秀才《かんしゅうさい》に始まり、『盛綱陣屋《もりつなじんや》』高綱一子小四郎《たかつながいっしこしろう》、『二条城《にじょうじょう》の清正《きよまさ》』豊臣秀頼《とよとみひでより》、『東海道中膝栗毛』伊月梵太郎……。

金太郎最後の役として勤めた『大石最後《おおいしさいご》の一日《いちにち》』（二〇一七年十一月歌舞伎座）での細川《ほそかわ》内記《ないき》役は記憶に新しい。

金太郎演じる内記は祖父・松本幸四郎（当時）演じる大石内蔵助《おおいしくらのすけ》に問いかけた。

「身が一生の宝となるような言葉の贐《はなむけ》はないか」

内蔵助は「人はただ初一念を忘れるなと申し上げとうございます」と答えた。

まるで、祖父から孫への歌舞伎役者としての贐のような言葉だった。

『勧進帳』源義経（2018年1月作）。
歌舞伎座での高麗屋三代襲名披露公演で勤めた役。

『仮名手本忠臣蔵』大星《おおぼし》力《りき》弥《や》（2018年2月作）。
歌舞伎座での高麗屋三代襲名披露公演で勤めた役。

ハムレットを読む

「世に在る、世に在らぬ、それが疑問ぢゃ」

世界中の名優たちが繰り返し演じてきた、シェイクスピアの『ハムレット』。

染五郎が、その台詞に魂を乗せる。

二〇一八年五月、早稲田《わせだ》大学《だいがく》大隈《おおくま》記念講堂《きねんこうどう》で「染五郎十三歳、『ハムレット』を読む」というイベントが開かれた。祖父・松本白鸚は十七歳、父・松本幸四郎は十四歳の時に、同じくハムレットを演じたことがある。朗読とはいえ、市川染五郎が十三歳で演じるハムレットは、歌舞伎以外の演目を初めて演じるということもあり注目を集めた。

ウイリアム・シェイクスピア作『ハムレット』は、全五幕からなる。デンマーク王子ハムレットが、父を殺して帝位に就き母を后《きさき》とした叔父を討ち復讐《ふくしゅう》を果たす、シェイクスピア四大悲劇の一つだ。染五郎朗読の台本は幸四郎が選びぬいた八場面で、坪内逍遥《つぼうちしょうよう》訳によるものだった。

逍遥訳は一九〇七年（明治四十年）、翻訳劇『ハムレット』として初めて舞台で披露された。七五調の古風な文体を基調にした「逍遥シェイクスピア」は、復讐譚《ふくしゅうたん》を歌舞伎に見立て、身近な物語として表現されていた。

「逍遥訳『ハムレット』は古文調で歌舞伎に近いものだと聞いていて、今回朗読する場面を何度も読みました。全五幕は漫画版で読んだのですが、シェイクスピアってこんなに面白かったんだなと思ったんです。言葉でその時の状況や風景、人物の心象をまっすぐに伝える。今回の朗読はそのことを心がけました」

未知なる世界を堪能し、染五郎はそう言った。

「お話をいただいた時は不安でした。歌舞伎以外に芝居の経験がない自分にできるのかと

祖父が17歳で、父が14歳で演じたハムレット。
「いつの日か演じてみたい役の一つです」。

いう不安。でも、『ハムレット』を実際読んでから、だんだんと気持ちが変わってきたんです。古典だけれど今に通じる物語だと思ったら、身近なものに感じられました。また逍遙の古文調の台詞は、声に出したら歌舞伎の台詞のようでしっくり来ました」

初朗読を、自分ではどのように評価するのか。

「難しかったです。朗読は言葉だけで物語を表現する。まずは状況を伝えなくてはならないのですが、時代背景も含めて、聴いているお客様にその時の主人公を想像していただけたらなと思いました」

世に在る、世に在らぬ、それが疑問ぢゃ――。

坪内逍遙訳のこの台詞、果たして染五郎はどういう思いで口にしたのだろうか。

「この台詞だけはいろいろな方の翻訳を読みました。『生か死か』という台詞も口に出してみました」

小田島雄志《おだしまゆうし》訳は「このままでいいのか、いけないのか、それが問題だ」。

木下順二《きのしたじゅんじ》訳は「このままにあっていいのか、あってはいけないのか、それが知りたいことなのだ」。

当時十七歳の祖父は、福田恆存《ふくだつねあり》訳の「生か、死か、それが疑問だ」に拠《よ》った。

では、十三歳染五郎にとっていちばん納得できる言葉はどれなのか。

「ひとつ選ぶのは難しいです。『生か死か』は、なにかストレート過ぎる。やはり『世に在る、世に在らぬ……』がいちばん好きです。『生か、死か……』だと、生死のこととしか捉えられないけれど、『世に在る、世に在らぬ……』は、いろいろな取り方ができると思います」

朗読はいわば舞踊の素踊りのようで、化粧もせず衣裳もつけず、声はもとより姿勢や肉体の動きさえもがあからさまになる。

「ハムレットが母ガアツルードに『僕の話を聞いてください』と告白する場面が、いちばん難しかったという印象があります。父を亡くした母がすぐに叔父のもとに行くのを、詰問する場面です。母だから強く言いすぎてもいけないし、叱る加減が難しかった。シェイクスピアには人間のすべてがあると言っている方がいますが、それを演じるのは役者冥利だと感じました。刻々と場面が変わるので少しずつ声も変えて、時には歌うようにと心がけました」

染五郎は最後に、ハムレットだけでなく隣国の王子フォオチンブラスの台詞も朗読した。二役を、声の使い方を変えることでこなしていった。

「この場面は周りがざわついているから、フォオチンブラスは声を張って力を示すようにと、父から教えられました」

朗読を一人芝居と見立て、何百年も続いた物語の果てに、染五郎はハムレットとともに「在る」。

染五郎は、美しい成長こそがハムレットの哀《かな》しみなのだと清冽《せいれつ》に伝えた。

犬丸座へようこそ

犬丸座は市川染五郎が代表を、妹の薫子が支配人を務める劇団だ。看板役者の松本ぼんざえもんと松本ぼんのすけを筆頭に、役者はみなぬいぐるみ。二〇一七年八月に自宅稽古場で上演された新作歌舞伎、『ぼん&ボン吉』の脚本を全編紹介する。

「犬丸座は江戸時代後期に開場し、たくさんの方々のお支えによって今日に至っている」

と代表の市川染五郎は言う。

犬丸座は幼い頃の兄妹《きょうだい》の芝居ごっこに端を発する。公演は自宅稽古場で行われることが多く、祖母から染五郎にプレゼントされたボン吉、薫子にプレゼントされたぼんが、おもな役を演じる。役者は演目によりそのつど集められる。音楽や美術も兄妹の手づくり。小道具の紙吹雪は、歌舞伎座で舞台に散った雪を二人が拾い集めたものを使用している。

ここでは、二〇一七年八月に上演された四代目松本金太郎による書き下ろし冒険活劇『ぼん&ボン吉』の台本と、舞台写真を掲載する。

いつの日か、歌舞伎座での旗揚げ公演を夢見た力作だ。

開演30分前。入念な打ち合わせをする兄と妹。

犬丸座公演『ぼん&ボン吉』

作　**四代目松本金太郎**

上演　**平成二十九年八月二十八日**

登場人物

将軍ぼん　松本ぼんざえもん
悪人ボン吉　松本ぼんのすけ
ぼん家来の筆頭猿吉《さるきち》　松本猿吉
ぼん家来小恩《ミニオン》　松本小恩
小恩子分　小恩四兄弟　松本小恩丸《ミニオンまる》　他
ボン吉家来の筆頭熊五郎《くまごろう》　松本熊五郎
宿屋の主人　松本兵衛舞九数《ベイマックス》
八幡大菩薩《はちまんだいぼさつ》　松本忠太郎《ちゅうたろう》
宿の客　他

『ぼん&ボン吉』初演時の台本。

序幕　第一場　犬山城　ぼん寝室の場

平舞台下手寄に奈落に通じる四段の下階段がある舞台。猿吉登場。幕は裏に飛んでいく。ぼんとボン吉裏より登場。いろ〳〵あってぼん、ボン吉に切られ、舞台下より幕出て、両人を隠す。幕は舞台に降り、ぼんが「ハッ」と目覚め、

ぼん　ハア、またあの夢をみてしまった……。おい、猿吉、猿吉。

猿吉　へえ、へえ。

と、猿吉上手から登場。

猿吉　へえ、御用にござりまするか。

ぼん　猿吉、またあの夢をみてしまった……。

猿吉　といいますと。

ぼん　わたしが死ぬ夢だ。

猿吉　はっ、そうでござりましたか……。

ぼん、少し考え、

ぼん　猿吉。

猿吉　へえ。

ぼん　この夢は、何かの予知夢に過ぎない……念のため、戦《いくさ》の仕度をせい。

猿吉　へえ。

（強く）ドドンと猿吉下手へ入る。ぼんは母衣《ほろ》をまとい、

ぼん　皆の者、ゆけ。

（上段）左から —— ぼんざえもんの隈取はガムテープで。／化粧中のぼんのすけ。／小道具をチェックするぼんざえもん。
（中段）大詰の、将軍ぼんと猿吉が悪霊と立ち回りをする場面。
（下段）左から —— 太鼓は中村勘九郎のプレゼント。／中段の絵は、実際にはこんなふうに演じられている。

と舞台裏へ引っ込む。いろ〳〵ある。

第二場　犬猿村の場

猿吉、舞台下手より出て、

猿吉　ここは戦で焼け落ちた村か。いろ〳〵調べてみれば何か戦の手がかりがわかるかもしれない。そういえば、旦那様はまだいらっしゃらぬか。

と、あたりみまわし、

猿吉　おお、噂《うわさ》をすれば、旦那様が。

とぼん、舞台下手よりかけ出《い》でて、

ぼん　猿吉、遅れてすまない。

猿吉　旦那様、遅うございりまする。

ぼん　すまないすまない。して、なにか手がかりはつかめたか。

猿吉　いえ、まだ。

ぼん　そうか。

猿吉　さあ、この家の屋根に上り、一休みしますか。

ぼん　そうだな。

と両人、屋根上に上り座る。水音となり、舞台裏よりボン吉出て、

ボン吉　久しぶりだな、ぼん殿。

猿吉　だれだ。

ボン吉　覚えてねぇのか、ちび猿。

猿吉　なんだと。

ぼん　まあまあ猿吉、待て待て。おめぇ、名は何だ。

ボン吉　お前ら、本当に忘れたようだな。俺はボン吉。

猿吉　ボン吉……。ああ、旦那様、こいつは前戦った。

ボン吉　ちび猿は思い出したようだな。

猿吉、刀に手をかける。

ぼん　まあまあ猿吉。ボン吉。思い出したぞ。何故《なにゆえ》また、わたしのところに姿を現した。

ボン吉　………。

ぼん　まあ、よい。行くぞ猿吉。

ボン吉　待たねえかい、ぼん殿。もう一度戦おうじゃねえか。

ぼん　分かった。刀を抜け、ボン吉。

とぼん、ボン吉に切りつける。いろ〳〵あってボン吉、猿吉に切りつけ、猿吉倒れる。

ぼん　猿吉ッ！（ぼん怒り、）よくも猿吉を……。往生しろ、ボン吉。

ボン吉、ぼんのものすごい剣幕に少し驚き、逃げようとする。

ぼん　待てボン吉、逃がさぬぞ。

とぼん、ボン吉に切りつけ、ボン吉切られ、

ボン吉　さらばだ。ぼん殿。

とボン吉、舞台上、上階段より煙出て、下手に消える。

ぼん　ボン吉ッ！　はっ、猿吉。大丈夫か。これ猿吉、しっかりせい。

と ぼん、呼子の笛を吹く。すると下手より、

小恩　ハァー。

と小恩かけ出でて、

小恩　なにか御用にございまするか。

ぼん　猿吉がボン吉に切られた。近くに宿屋などないか。

小恩　近くにわたしの知り合いがやっているところがありまする。そこでよろしければご案内いたしまする。

ぼん　そこで良《よ》い。すぐに案内せい。

と両人、猿吉抱え下手に入る。

第三場　同　宿屋の場

小恩を先頭にぼん、猿吉を抱え下手より出る。

兵衛舞九数　どうもありがとうございました。おお小恩、久しぶりじゃあねえか。どれくらいになるかねぇ……。

小恩　今そんなことはいいッ！　おれの旦那様の家来がけがして大変なんだッ！　手当をするから部屋を一つ貸してくれい。

兵衛舞九数　そうでございましたか。あいにく……、そう言えば今物置に使っておりまする、二階の部屋があります。

小恩　このようなお偉い方を、物置に通すと申すか。

兵衛舞九数　……………。

ぼん　まあまあ小恩。落ち着け。主人、そこでいい。泊めさせてくれ。

小恩　…………。

兵衛舞九数　そちらで良ければただいまご案内いたしまする。

と兵衛舞九数、皆を案内する。上手へ入る。

第四場　同　物置部屋の場

兵衛舞九数　さあさ、こちらでございます。

と兵衛舞九数、ぼん、猿吉を抱えた小恩を案内して下階段下襖《ふすま》より出る。

兵衛舞九数　こちらでござります。

ぼん、せき込む。

小恩　旦那様大丈夫でござりまするか。兵衛舞九数。

兵衛舞九数　へえ。

小恩　少しかたづけてくれ。

兵衛舞九数　へえ、かしこまりました。

と兵衛舞九数、少しかたづける。

ぼん　小恩、猿吉を。

小恩　へえ。

と小恩、猿吉を寝かせ、ぬれた手ぬぐいで体をふく。

一方、屋根上より熊五郎が油をたらす。

ぼん　雨漏りか。

熊五郎　ハヽヽ、これくらいでいいだろう。
ぼん　だれだッ！
熊五郎　いけねえ、見つかった。
ぼん　これはもしや、油か。小恩、この宿屋にボン吉の家来が油を垂らした。主人、この宿屋の客を今すぐ外に出せ。小恩は猿吉を連れて先に外に出ていろ。
小恩　ハッ。
　と小恩、猿吉抱え駆け出し、下手へ入る。
ぼん　主人、たのんだぞ。
兵衛舞九数　へえ。
　と兵衛舞九数、手ぬぐいを頭に巻き、下手へ入る。そしてぼん、下手へ入る。

第五場　同　宿泊部屋の場

　舞台には逃げ遅れた宿の客が端にうずくまっている。
　とそこへぼんが現れ、
ぼん　そなた大丈夫か。
客　ありがとうございまする。
ぼん　さあ、お逃げなさい。
客　ありがとうございまする。
　と宿の客、下手へ入る。一方ぼん、屋根上からボン吉出て、油を垂らし、炎はさらに勢いを増し、両人で決まる。

　これにて一幕目終わり、三十分の休憩となる。

第二幕　第一場　戦場の場

　舞台上上階段に小屋がある舞台。
　下手よりぼん、ボン吉出て、
ぼん　ボン吉、潔く、往生せい。
ボン吉　それはこっちのせりふだ。
　といろ〳〵あって下手より猿吉出て、
猿吉　旦那様。
ぼん　おお猿吉、大丈夫か。
猿吉　へえ。この休憩時間、楽屋で手当をしてもらい、回復いたしました。さあボン吉、覚悟しろ。
ボン吉　こっちにも、助《すけ》っ人《と》がいるんだ。熊五郎、熊五郎。
熊五郎　へえ、へえ。
　と下手より熊五郎出て、
ボン吉　さあそっちこそ、覚悟しろ。熊、やれ。
ぼん　猿吉も、ゆけ。
　と熊五郎、猿吉、刀をあわせ、いろ〳〵あって熊五郎切られ、
ボン吉　くそ、ちび猿め。ぼん、覚悟せい。
　とボン吉、ぼんに切りつけるがボン吉切られ、
ボン吉　くそ、どうしてだ。
ぼん　二人に縄をかけろ。

猿吉　へえ。縄持て。

小恩　へえ。

と下手より縄を持った小恩出て、ボン吉、熊五郎に縄をかける。

ボン吉　くそ。

ぼん　ボン吉と熊五郎は焼きながら首を切るぞ。

猿吉　へ、へえ。

とここへ小恩現れ、ぼんに頭を下げる。そして熊五郎を上階段小屋に連れてゆく。

猿吉　旦那様。

ぼん　熊五郎、言い残すことはないか。

熊五郎　ボン吉の旦那と一緒に死ねるなら何でもいいやい。

ぼん　そうか。熊五郎、覚悟しろ。

とぼん、熊五郎の首を切る。猿吉、手を合わせてから小屋に入る。そして、首を布で包んで出てくる。

ぼん　ボン吉、次はおまえだ。覚悟しろ。

ボン吉　くそ。

ぼん　猿吉。

猿吉　へえ。

と猿吉、ボン吉を小屋手前まで連れていく。

ぼん　言い残すことは。

ボン吉　言うことはないが、この鉢巻きをあげよう。

ぼん　は、それは。

ボン吉　そうだ。日本国中のだれよりも強い者のみがつけられる鉢巻きだ。これをお前にあげよう。その代わり、後世に残してくれ。おれはお前に負けた。もう一番強い者ではない。

とボン吉、猿吉に鉢巻き渡し、猿吉、ぼんに渡す。

ボン吉　さあ、さっさとやれ。

と猿吉、ボン吉を小屋に入れる。

ぼん　えゝい。

とぼん、ボン吉の首を切る。猿吉手を合わせ、小屋に入る。首を布で包んで出てくる。木の枝にボン吉熊五郎の首をつるし、猿吉がボン吉の、小恩が熊五郎の首を持つ。ぼんを先頭に下階段下、襖に入る。暗転。

大詰　第一場　犬山城宴会の場

暗転の中、鼓、三味線の音。チョン、と明るくなり、

猿吉　ヤンヤヤンヤ。旦那様、

小恩　見事な舞で、

両人　ござりましたな。

ぼん　さあさ、飲め。

とぼん、猿吉と小恩にお酌する。

猿吉　旦那様がボン吉を倒したことは、この広き日本国中に広まりましてございます。お偉い方々に、お褒めの言葉を頂戴し、旦那様の家来として、私も、ここにおり

まする皆々も、大変うれしく思いまする。私は、旦那様の家来として、今年で丁度十年目。これを際に、身を改め精進いたしまする。

ぼん　猿吉、よくぞ申した。

ぼん、猿吉にお酌する。と上階段より八幡大菩薩現れ、

八幡大菩薩　ぼん、お前は、これよりすぐに、荒鬼山《あらおにやま》（もしくは争鬼山）麓の湖へ行き、人食い悪龍《あくりゅう》を倒してこい。

と八幡大菩薩消える。

ぼん　猿吉。

猿吉　へえ。行きますか、湖に。

ぼん　ああ、仕度をしろ。

猿吉　へえ。

暗転、水音にてつなぎ。

大詰　第二場　荒鬼山（争鬼山）麓湖の場

浅葱幕《あさぎまく》が舞台奥より出てきて客席側まで広がる。浅葱幕の向こうからぼん、猿吉出て、

ぼん　ここが湖か。

下手より龍出て、

猿吉　旦那様、悪龍が。

ぼん　オゝ。

とぼん、悪龍といろ〳〵あり、そして悪龍は口から人骨を吐き、そこから霊が立ち上がり、舞い上がり、剣となる。ぼんはそれを取り、

ぼん　オゝ。それはおまえが今まで食った人の霊によってできた剣か。うん、そうじゃ。

とぼん、その剣で龍を斬る。龍は倒れ、ぼんはその上に登り、猿吉と両人で決まる。上階段にはボン吉の姿。

—幕—

支配人（左）と代表（右）。

妹からの手紙

くんちゃん（薫子）からいっくん（齋）へ——。
夏休みに入り、八月の歌舞伎座、十一月の京都四條南座での襲名披露公演を控え、
稽古の日々を送る染五郎に、二つ年下の妹から手紙が届いた。
小学校の児童文集に掲載された作文とともに紹介する。

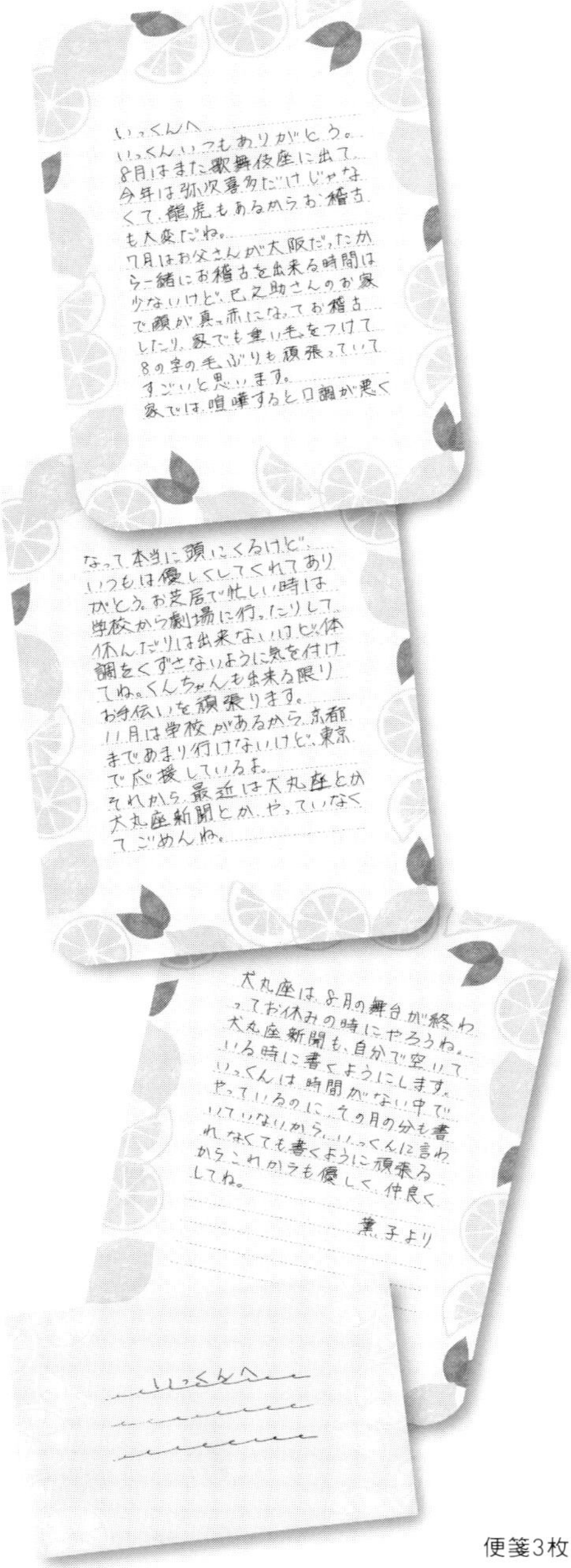
いっくんへ
いっくんいつもありがとう。
8月はまた歌舞伎座に出て、
今年は弥次喜多だけじゃな
くて、龍虎もあるからお稽古
も大変だね。
7月はお父さんが大阪だったか
ら一緒にお稽古を出来る時間は
少ないけど、巳之助さんのお家
で顔が真っ赤になってお稽古
したり、家でも重い毛をつけて
8の字の毛ぶりも頑張っていて
すごいと思います。
家では喧嘩すると口調が悪く
なって本当に頭にくるけど、
いつもは優しくしてくれてあり
がとう。お芝居で忙しい時は
学校から劇場に行ったりして、
休んだりは出来ないけど、体
調をくずさないように気を付け
てね。くんちゃんも出来る限り
お手伝いを頑張ります。
11月は学校があるから京都
まであまり行けないけど、東京
で応援しているよ。
それから、最近は大丸座とか
大丸座新聞とか、やっていなく
てごめんね。
大丸座は、8月の舞台が終わ
ってお休みの時にやろうね。
大丸座新聞も、自分で空いて
いる時に書くようにします。
いっくんは時間がない中で
やっているのに、その月の分も書
いていないから、いっくんに言わ
れなくても書くように頑張る
からこれからも優しく、仲良く
してね。
薫子より

いっくんへ

便箋3枚に綴《つづ》られた兄へのメッセージ。

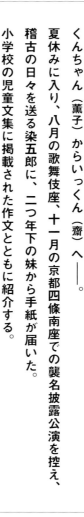

いっくんへ

いっくんいつもありがとう。八月はまた歌舞伎座に出て、今年は弥次喜多だけじゃなくて、龍虎《りゅうこ》もあるからお稽古も大変だね。

七月はお父さんが大阪だったから一緒にお稽古を出来る時間は少ないけど、巳之助《みのすけ》さんのお家《うち》で顔が真っ赤になってお稽古したり、家でも重い毛をつけて8の字の毛ぶりも頑張っていてすごいと思います。

家では、喧嘩《けんか》すると口調が悪くなって本当に頭にくるけど、いつもは優しくしてくれてありがとう。お芝居で忙しい時は学校から劇場に行ったりして、休んだりは出来ないけど、体調をくずさないように気を付けてね。くんちゃんも出来る限りお手伝いを頑張ります。

十一月は学校があるから、京都まであまり行けないけど、東京で応援しているよ。

それから、最近は犬丸座とか犬丸座新聞とか、やっていなくてごめんね。

犬丸座は、八月の舞台が終わってお休みの時にやろうね。犬丸座新聞も、自分で空いている時に書くようにします。いっくんは時間がない中でやっているのに、その月の分も書いていていないから、いっくんに言われなくても書くように頑張るからこれからも優しく、仲良くしてね。

薫子より

手紙中の犬丸座とは、新作の『目黒川椛狩《めぐろがわもみじがり》』のこと。台詞を恥ずかしがる薫子のために、染五郎が台詞のない舞踊劇に仕立てた。

染五郎は、自分一人ではとてもできないと言う。どうしても、薫子の力が必要だし、薫子もそれはわかっている。犬丸座にかける、染五郎の情熱も。

そんな彼女が、兄には言えない高麗屋への思いを書いた作文がある。

三十七年ぶりの同時襲名

五年　藤間薫子

一月二日、私のおじいちゃん、お父さん、お兄ちゃんは、「高麗屋」としておじいちゃんは二代目松本白鸚、お父さんは十代目松本幸四郎、お兄ちゃんは八代目市川染五郎を三代で同時に襲名をしました。三代同時襲名は、私のひいおじいちゃんの初代松本白鸚、おじいちゃんの九代目松本幸四郎、お父さんの七代目市川染五郎の襲名公演をして、今はもう三十七年経《た》っています。そして、三十七年経った今、また高麗屋の襲名披露公演を行う事が出来ます。襲名の公演は、特別な公演なので、いつもは主役を演じている方々が脇のお役でも出演して下さいました。だから、少し長い演目、『勧進帳』が始まる前はとても楽しみでした。

お兄ちゃんは、平日の昼はまだ学校にいるので、夜の部の二つ目、『口上』と、三つ目、『勧進帳』に出演する事になりました。お父さんは、朝に家を出て、昼の部の演目にも出演していいます。そして、夜の部の『勧進帳』という演目では、お父さんが武蔵坊弁慶の役、お兄ちゃんは源義経の役、おじいちゃんの弟の中村吉右衛門大おじ様が富樫左衛門の役を演じました。

『勧進帳』では、どれも大役で、お父さんが演じる武蔵坊弁慶は、高麗屋の当たり役でもあり、おじいちゃんは弁慶を千百回以上演じています。また、今回お父さんが演じる弁慶では、高い声から低い声まで全て使うので、のどを痛めてしまい、声が出なくならないように気を付けてほしいと思っていました。そしてお兄ちゃんが演じる源義経は、お兄ちゃんのやりたかった役の一つでもあり、今まで先輩の役者さんが演じられてきた役なので、今十二歳のお兄ちゃんは、このような特別な舞台でなければ演じる事の出来ない役です。でも今月は、大役を演じさせていただけるのでとても素晴らしいです。

左から、妹とぼん、兄とボン吉。

また、口上では、一月の舞台に出演している先輩の役者さん方が、襲名した高麗屋の三人について、おじいちゃんが九代目松本幸四郎、お父さんが七代目市川染五郎、お兄ちゃんが四代目松本金太郎の時の出来事やお話などをして下さいました。また、面白いお話も少しして下さった方もいらっしゃいます。そして最後に、おじいちゃん、お父さん、お兄ちゃんの順番でご挨拶をします。私も、お母さんも昼の部から客席で観ていました。

私は、昼の部が終わり、夜の部、お兄ちゃんが出演する一つ目の演目の『口上』。幕が開く時、とても楽しみでした。幕が開くと、たく山《さん》の拍手の音が鳴り響きました。たく山の役者さんが一人一人ご挨拶、お話をして下さいました。最後に、お兄ちゃんのご挨拶があり、それが終わると、お客様には三十分の休憩があります。でも、楽屋に帰って来た役者さん達は違います。次の演目、『勧進帳』のお化粧をしたり、衣裳を着たり、それを急いでします。初日はその間、お母さんと私は、ロビーでお客様にご挨拶をします。

二〇一八年、歌舞伎座の初め、一月の舞台の初日なので、たく山のお客様が来て下さっているため、知っている方とみなさんにご挨拶をしました。お母さんは、ご挨拶するお客様を客席まで探しに行く時もあり、とても大変で、忙しそうでした。また、初日以外で私が歌舞伎座の楽屋に行っている時は、口上の後の幕間《まくあい》で、お父さんの化粧前のお手伝いをしました。

『勧進帳』で、私は一番好きな場面があります。それは演目の一番最後、舞台の定式幕《じょうしきまく》が閉まり、舞台上には、花道に弁慶が一人立っています。そして、お父さんが演じる弁慶がする合図によって、木がバタバタという音を立てて、弁慶がみえをきり、六方をふみながら引っ込む場面です。演目が終わる前、一番疲れている弁慶が一番最後に六方をふみながら帰っていく様子に、疲れているのにこれだけ迫力のある動きをして引っ込んでいく所に感動するから好きなのです。

一月二十日には、私の学校の友達が十七組も来てくれて、その日は安倍内閣総理大臣も来て下さり、お会いする事が出来ました。他にも、お兄ちゃんのお友達も色々な日に少しずつ、たく山来てくれました。

二〇一七年の十一月頃から始まった襲名のための準備が、この様な素晴らしい舞台になって本当に良かったと思いました。私は、この様な歌舞伎の家に育って、これからも楽屋でのお手伝いをして過ごしていきたいです。また二月の舞台も、おじいちゃんは二代目松本白鸚として、お父さんは十代目松本幸四郎として、お兄ちゃんは八代目市川染五郎として新たに出発します。お母さんはロビーでお客さんにご挨拶をします。私もみんなが頑張っていける様な家族を支える存在でいたいと思っています。

＊＊＊

犬丸座が染五郎一人ではできないように、歌舞伎の舞台も多くの人の支えが必要だが、薫子は、歌舞伎の家に生まれた子として、そのことがきっと肌感覚でわかっている。

薫子はその言葉通り、これからも染五郎をさまざまな形で支えていくにちがいない。

大仏の膝元で。

東大寺行

東大寺は、二〇〇八年十月、祖父が千回目の弁慶を演じた縁の寺院だ。高麗屋三代同時襲名を翌月に控え、藤間一家は古都・奈良を訪ねた。

藤間一家は東大寺南大門《なんだいもん》に立った。

金太郎は、二体の金剛力士《こんごうりきし》（仁王《におう》）像をじっと見つめたまま動かない。

口をカッと開けた「阿形像《あぎょうぞう》」、真一文字に閉じた「吽形像《うんぎょうぞう》」が勇壮ににらみを利かせている。鎌倉時代初期の仏師、運慶《うんけい》・快慶《かいけい》らの作である仁王は、東大寺の守護神だ。「阿」は口を開いて最初に出す音、「吽」は口を閉じて出す最後の音。それらは宇宙の始まりと終わりを表す言葉だが、金太郎は腕を組んだまま阿形像を見据え、そこから放たれる気迫を

左から妹・藤間薫子、母・藤間園子《ふじまそのこ》、松本金太郎（当時）、父・市川染五郎（当時）。

受けとめていた。

一行は南大門から大仏殿へと向かう。大仏（盧舎那仏《るしゃなぶつ》）は聖武天皇《しょうむてんのう》の命で七四五年に造《ぞう》立《りゅう》が始まり、七五二年に開眼《かいげん》した。大仏の約十五メートルにもなる体軀《たいく》は、仏像の基本寸法の十倍となり、その大きさは無限大の宇宙を表しているという。

祖父は宇宙を感じながら弁慶を演じたが、金太郎は小さいながらに、鮮明にその興奮を覚えていた。

「大仏殿前で演じられた弁慶は普通の舞台以上に迫力があった。ここで弁慶を演じるなんて、祖父はすごいと思いました。夢のような時間でした」

四人は特別に須弥壇《しゅみだん》に上がることを許された。須弥壇とは、本尊などの仏像を安置する台座のことだ。見上げれば大仏は、じつに静謐《せいひつ》な表情で天平《てんぴょう》の時代を今に伝えている。

東大寺塔頭《たっちゅう》清涼院《しょうりょういん》住職の森本公穣《もりもとこうじょう》師が、高麗屋三代襲名披露公演『勧進帳』の無事を祈願して、華厳経「如心偈《にょしんげ》」の一節を読む。藤間一家四人の道行《みちゆき》の安全を祈るものだ。

「東大寺にとっても十年前にここで演っていただいた『勧進帳』は記憶に残るものでした。襲名の記念に再びお願いしたいくらいです」

その言葉に父子《おやこ》は思わず頭《こうべ》を深く垂れ、祈願の思いを強くした。

大仏殿を後にした藤間一家は法華堂《ほっけどう》へと向かう。法華堂は東大寺の建築物の中でも最も古く、不空羂索観音像《ふくうけんさくかんのんぞう》を本尊として祀《まつ》る仏堂である。不空羂索観音像、梵天像《ぼんてんぞう》、帝釈天《たいしゃくてん》像《ぞう》……、十体の仏像はどれも美しく、金太郎の視線を捉えて離さない。

大仏殿をはじめとする東大寺の伽藍《がらん》の多くは、一一八〇年、平清盛《たいらのきよもり》から南都焼き打ちの命を受けた平重衡《たいらのしげひら》によって焼き払われた。しかし、後白河法皇《ごしらかわほうおう》から東大寺大勧進職に任ぜられた重源上人《ちょうげんしょうにん》は、十年の歳月をかけて東大寺復興をなしとげる。その遺徳を讃《たた》えて建立された俊乗堂《しゅんじょうどう》に安置される重源上人像は、快慶作と言われている。「大和尚位《だいかしょうい》」を賜った人物にふさわしい穏やかな表情を浮かべていた。

＊＊＊

いずれの伽藍でも、ただただじっと、金太郎は仏像を見ていた。

「自分は酉年《とり》なんですが、酉年生まれを守ってくださるのが不動明王《ふどうみょうおう》だと知ってから仏像に興味を持ち、彫像に惹《ひ》かれるようになりました。襲名披露の楽屋にも、仏像のフィギュアを並べるつもりです」

そう語る金太郎は、誰よりも熱心に前のめりになっていった。

時折深いため息が聞こえてくる。

そのダイレクトな反応こそ、新しい歌舞伎をつくる若い世代のものだ。天平の悠久の美が若者の中で形を整え、再び今に息づこうとしている。

遠く大仏殿を仰ぎ合掌する。

「次はどこに」

金太郎は疲れも見せずに、東大寺を後にした。

圓《えん》成《じょう》寺《じ》大日如来像《だいにちにょらいぞう》（国宝）は運慶20代のデビュー作と言われる。

興福寺《こうふくじ》阿修羅像《あしゅらぞう》（国宝）。阿修羅は戦闘の鬼神だが、この像は「天平の美少年」と称えられる。

森本公穣師（左）の言葉に耳をそばだてる。

次はどこに。

高麗屋箱

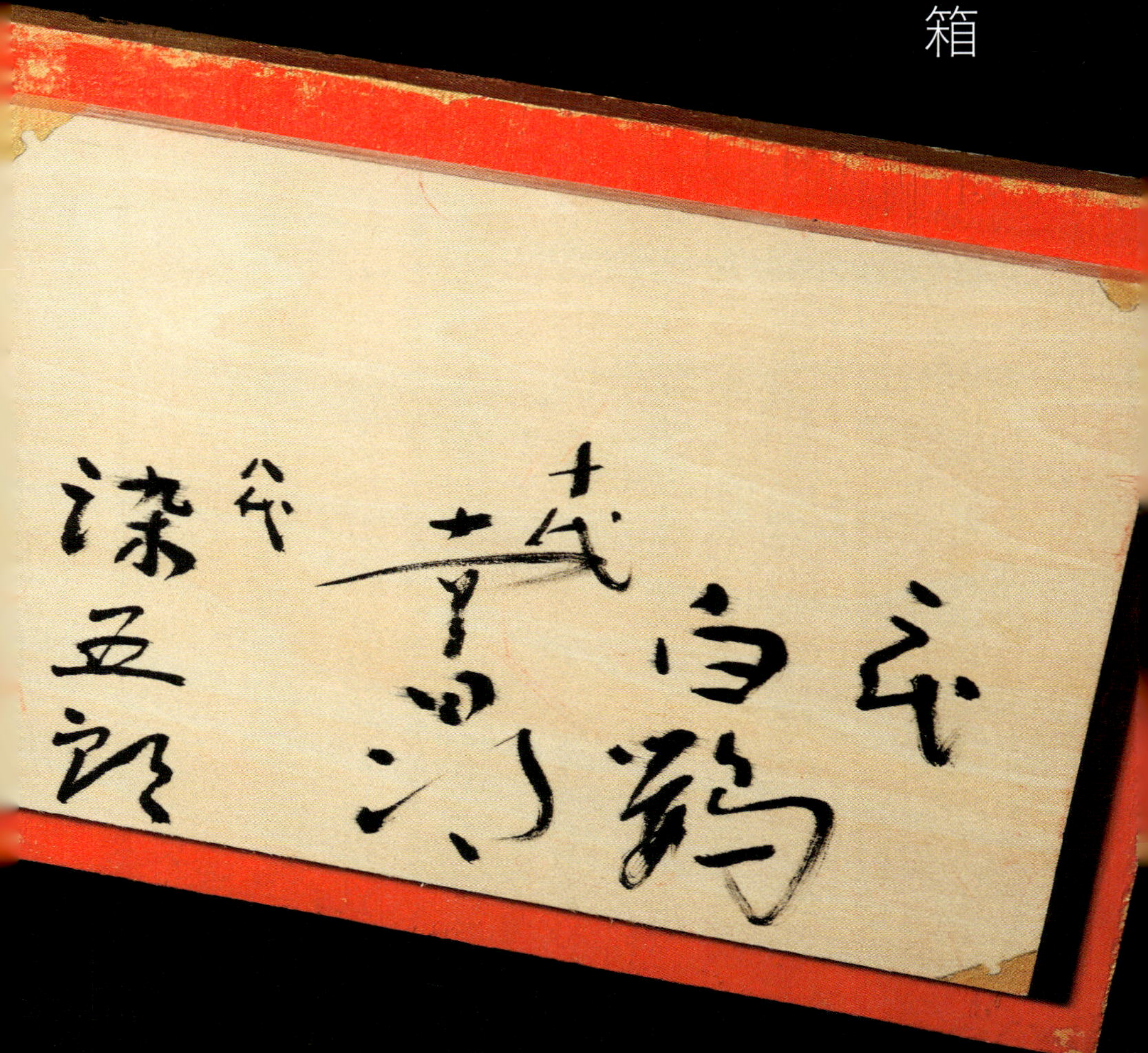

二〇一八年一月、
高麗屋三代襲名披露公演が
始まった。
高麗屋箱の蓋裏には、
「二代　白鸚」
「十代　幸四郎」と並んで、
「八代　染五郎」と記された。

四　描く

大きく真っ白なキャンバスに武蔵坊弁慶を描く。
三時間に及ぶライブペインティングで、
下絵を丹念に仕上げると、
おもむろに絵筆を取り、
弁慶の頬を肌色に塗りこめていった。

HB

「これまで描いたことのないような大きなキャンバスに、思いっきり描いてみたい」

　絵の具も紙も自分で選び、普段の細筆を刷毛《はけ》と太筆に持ち替えた。ライブペインティングという失敗の許されない場で、じつに伸び伸びと描いてみせる。その集中力は、生の舞台に立つ人間ならではのものだった。

「どこの場面を描こうか、すごく悩みましたが、大きいキャンバスには迫力のある場面が似合うと思い、この六方にしました」

　染五郎はそう言うと、舞台を演じ終えた後のように晴れやかな顔をした。

五　装う

四ツ花菱から、三ツ銀杏へ。
市川染五郎となり、
化粧台に刻まれる紋も変わった。
襲名後初の歌舞伎座八月納涼歌舞伎。
少年の成長の証が見たいと思った。

襲名を機に鏡台を新調した。

「いい木を選んでいただいたので使いやすいです。桜の木かな」

筆立てからごみ箱まで、すべてに三ツ銀杏の定紋が入っている。

鏡台の前の椅子に寝そべっているのは、主《あるじ》の帰りを待つボン吉。

舞踊劇『龍虎』虎役の化粧が始まる。

黛《まゆずみ》を引く瞬間は、化粧の中で最も緊張する。

『龍虎』の見どころは、
勇壮な毛振りと衣《い》裳《しょう》の引き抜きだ。
仕掛けのある衣裳を6人がかりで着せる。
「『連獅子』と比べても、とても重い。
最後までうまく体力を残しておかないと。
体力の配分のしかたを学びました」

出番直前。
龍の松本幸四郎と、虎の市川染五郎。
一は天の巨、一は地の雄。
龍虎は、雌雄を決する時を待っているとされる。
龍に全力で挑む虎は、美しかった。

六語る

「『勧進帳』の義経という
身に余る大役を勤めまするこど、
このうえない喜びにござります。
こののちはなおいっそう芸道に精進いたしまする」
二〇一八年一月、歌舞伎座での
高麗屋三代襲名披露口上で、染五郎はこう述べた。
道の途上で何を探し求めているのか。
染五郎の今、そしてこれからに迫る。

『勧進帳』が最後の山場を迎えていた。

二〇一八年一月歌舞伎座、高麗屋三代襲名披露公演千穐楽《せんしゅうらく》。弁慶・十代目松本幸四郎を、舞台中央に立つ富樫・二代目中村吉右衛門が中啓《ちゅうけい》（扇）を頭上に挙げ見送る場面だ。ついで幕が引かれると、弁慶・幸四郎は幕外の花道に立つ。弁慶は義経一行を見守り、深々と富樫に今生《こんじょう》の別れを告げ、これからの険しい陸奥《みちのく》への道行を思い、仁王立ちで天を仰ぎ、頭《こうべ》を垂れる。汗が額《ひたい》を濡らし、かすかに息で肩が揺れている。『勧進帳』全七十三分にわたる最大の肚《はら》の見せ所だ。

先に花道を引っ込んだ義経・八代目市川染五郎のことを思った。

三代襲名のプレッシャーによる連日の緊張からか、染五郎は病院で点滴を受け歌舞伎座に通うという過酷な日々を送っていた。「襲名は名前を継ぐだけではなく、代々が守り続けてきた芸や精神を受け継ぐものだ」と言い、染五郎の名に恥じない舞台を見せたいと意気込んでいた。

果たして彼は無事にこの日を迎えることができたのだろうか。公演中、何度か楽屋を訪ねた時の、終始緊張の中にいる染五郎の様子が目に浮かんだ。そこには幸四郎弁慶と吉右衛門富樫と対《たい》峙《じ》する一人前の役者の覚悟があった。

次々と大役をこなす染五郎を見ていると、彼がまだ十三歳であることを忘れる。

十七代目市村羽左衛門《いちむらうざえもん》（一九一六〜二〇〇一年）によると、『勧進帳』の魅力は荒唐無稽、おおらかさと奔放さ、正義が必ず勝つという芝居の楽しさが詰まっているところだという。そして、弁慶の魅力もまた義経の美しさがあればこそだと、染五郎の義経を見て納得した。

染五郎が描いた弁慶の肖像を思い浮かべた。

最初に見たのは、一年前、箱根芦ノ湖の砂浜に木の枝でさらさらと描いた弁慶だった。その弁慶は、花道の出の時のように、道行を案じる表情を見せていた。太刀持として舞台で見ていた父の弁慶との距離がそのまま反映されたものだった。そして今、義経を演じた彼が弁慶を描く時、どんな思いが去来するのだろうか。

『勧進帳』で初義経を演じた心境を染五郎に尋ねると、こう答えが返ってきた。

「とにかく、義経はまた演《や》りたいとは思いました、でも……」

「でも、何?」

「演りたいと思ったんですけど、義経は『勧進帳』のすべての見せ場が見られないという、もどかしさを感じたんです」

不思議なことを言うと思った。

「僕は父の弁慶をもっと見たいんです。詰め寄りの場面も義経は後ろを向いて正座してるので見えないし、六方は引っ込んでからのことだからこれも見えない」

「でも君のことだから、引っ込んだ後、揚幕《あげまく》で見てるでしょう」

「見ていました。でも義経ってなんて役なんだと思いました。何も見られない。太刀持の時は富樫の後ろから弁慶を見ることができたのですが」

染五郎は言う。

「四月の名古屋（御園座《みそのざ》）で中村鴈治郎《なかむらがんじろう》のおじ様が義経を演られてたんです。それは全然違う義経でした。衝撃でした。役者さんによってまったく違うものになる役だと思いました」

「その違い、わかっていたことでは？」

「演らないとわからないです」

染五郎義経の際立った美しさは見る者に感動を与えていった。その清冽《せいれつ》な美しさで、弁慶が全力で救おうとする気持ちが観客に共有されていく。結果、弁慶の愛《いと》おしさが光ってくる。

「いやいや、そんな。自分ではもうあれは零点なのです」

厳しい自己採点だった。

「まずやっぱり声がだめ。台詞《せりふ》がすごく難しい」

染五郎はさらに、許しを乞う弁慶に手を差し伸べる場面もよくなかった、と続けた。

「あれも零点です。次の公演を控えて焦りがあります」

修正しなければいけない個所を聞いた。

「いちばんは声の透明さです。父は『義経はソプラノボイスで』と言っています。声変わりはだいぶ落ち着いてきたんですが、高音域も低音域も出ない。それに型が全然だめ。手を差し伸べる決まった型とかも、自分ではもうまったく納得がいってない。思い出すのもいやです。それと、自分が手足が長いのがすごくいや。日本舞踊は手足が短い方がきれいに見えるんです」

一月の公演中に、弁慶を勤めた幸四郎にインタビューする機会があった。楽屋での取材、傍らには染五郎がいた。彼は鏡台の前で本を読みながら、幸四郎の言葉にずっと聞き耳を立てている。

「この芝居、本当の主役は義経なんです」

幸四郎は隣に聞こえるように声のトーンを上げた。

十代目幸四郎の弁慶の特筆すべき点は、舞の優雅さ大きさだ。踏み音の大きさも印象的で、それはわかりやすさだけではなく、もう一つ踏み込んだ古典への思いを伝えるものである。

「そもそも義経一行であるということを忘れてはなりません。家来の順番で言うと弁慶がいちばん下です。ですからあまり偉そうに見えてはいけないと思っているんです。でも大きく見えなくてはいけない。富樫とのやりとりの中で弁慶は戸惑い、驚き、その中で必死に生きる道を探していく。でも富樫に見破られてしまう。でもやりすぎると富樫がとても鈍感な人に見えるということになる。おまえは贋者《にせもの》だとすぐにわかるようではいけない。富樫は知恵者《ちえしゃ》として弁慶以上の人です。ギリギリのところでようやく必死の思いで乗り越えていく。その大元を忘れずにきっちりと演ることだと思います。

弁慶は金剛杖《こんごうづえ》を持って、番卒と四天王の双方を押し留める。義経は強力《ごうりき》の格好で寒い山間を逃げてきた。弁慶は義経を殺す勢いで打ちすえる。義経は大けがを負いながらも弁慶を許す。『さても、今日《こんにち》の機転、さらに凡慮《ぼんりょ》の及ぶべき所にあらず。兎角《とかく》の是非を争わずして、ただ下人《げにん》のごとく散々に我を打って助けしは、まさに天の加護、弓矢正八幡《ゆみやしょうはちまん》の神慮と思えば、かたじけのう思うぞよ』と。そして『判官御手《ほうがんおんて》を取り給い』と弁慶に手を差し出す。本来はそんなことはありえません。義経が弁慶に寄ってくるというところに、じつにありがたみとあたたかみを感じるのです」

義経の三年にわたる流浪物語は人々の涙を誘う。弁慶の舞の大きな見せ場は中啓を投げる場面だ。投げられた中啓までの距離の遠さに、都を追われ、馬の蹄《ひづめ》が隠れるほど雪深い山脊《さんせき》を進むことになった一行の、困難を思わずにはいられない。

染五郎はこう言った。

「もっときれいな捌《さば》きで義経を演じたいのです。腰の位置が高いせいで、座るぐらいに腰を落とさないと所作がきれいに見えません。襲名披露の初日の映像を見たんですけど、もうこれ以上ないくらい腰を落としたのに、まったく腰が入ってないように見えた。姿勢も悪くて首が前に出ているように見えました」

「逆に自分の中で、これはよかったなっていうところは？」

「……顔が速くできるようになったことぐらいで。やっぱり顔は速さが大事なので。それだけですね。役に関してはまったく反省しかない」

化粧を大事にしている染五郎のその言葉に少し安堵《あんど》した。より高貴な義経像を描こうとする染五郎の姿勢が高麗屋のお家芸の醍醐味を伝えている。

「義経は主君としての存在感を際立たせなくてはなりません。なおかつ惨めな感じを出すことが求められます。何も悪いことをしてないのに追われている惨めさを、そこに立っているだけで醸し出さなければならない」

「義経が主役」という言葉の意味を、染五郎はかみしめた。

「零点の思いは次に繫《つな》げます。『判官御手』のところで泣いてくださるお客様がいらっしゃって、それは素直に嬉《うれ》しかったです」


錦秋の京都、染五郎は、父、祖父とともに南座《みなみざ》新開場柿落《こけらおとし》公演（二〇一八年十一月）の舞台に立つ。演じるのは『勧進帳』義経、『連獅子』仔獅子の精の二役だ。

「祖父の富樫、今から怖さと楽しみです」

それは、二代目松本白鸚に毎日見られ続ける怖さを知っている人の独特なもの言いだった。

『勧進帳』のテンポは富樫がつくる。一月の歌舞伎座では、初代白鸚の教えにそって二代目中村吉右衛門が朗々と「斯様《かよう》に候ふ者は、加賀の国の住人、富樫左衛門にて候」と名乗りを上げた。吉右衛門は武士の風格を兼ね備えた富樫を演じた。果たして二代目白鸚富樫の名乗りは、いかに披露されるのか。

高麗屋に生まれてこその歌舞伎役者の至福、染五郎の宿命を嗅いだ。

＊＊＊

染五郎は小学校の卒業制作として高麗屋箱をつくり、演じたい役の絵を蓋や側面に描いた。演りたい順に、一位が『勧進帳』武蔵坊弁慶、二位が『連獅子』仔獅子の精、三位が『積恋雪関扉』の大伴黒主、四位が『伽羅先代萩』の仁木弾正となっていたのだが、

「少し変わってきました」

染五郎が言う。

「弁慶はやはり一番。二番は『関扉』、三番を仁木弾正と『熊谷陣屋《くまがいじんや》』の熊谷直実《くまがいなおざね》が争っています。でも『熊谷』はもっと何十年後かに演じるのでもいい」

「熊谷直実の名台詞『十六年は一昔』ではないけれど、十六年は経《た》たないと演じられないかもしれない？」

「熊谷はもっと年を取ってから演りたい役です。『龍虎』の龍も上位に入ります。演じることが決まってからさらに好きになった。この踊りは坂東流《ばんどうりゅう》です。以前坂東三津五郎《ばんどうみつごろう》のおじ様と父が演じた『龍虎』は映像で何十回も見て研究しました。天界でいちばん強い動物と、地上でいちばん強い動物が闘う物語です。ぜんぶで十七分くらい。でも衣裳《いしょう》を着るのに四十分以上もかかる。父と三津五郎のおじ様が演った時から、たびたび上演されるようになって、最近では中村獅《なかむらし》童《どう》のお兄さんと坂東巳之助《ばんどうみのすけ》のお兄さんも演られています」

その舞の激しさは『連獅子』以上という。


京都南座での襲名披露公演を控えた染五郎は、『連獅子』についてこう話していた。

「父は新しい舞を見せたいと意気込みを語ってくれたことがあります。『連獅子』を演るなら今度は親子獅子ではない演出にすると。親子で演る『連獅子』はここ何十年のことで、以前は別の家同士で闘うものでした。自分はそういう『連獅子』にしたいと言っていたのです」

『連獅子』の稽古では頭《かしら》は黒の毛を使う。稽古は黒で本番は赤。赤い染料で染めた毛よりも黒い染料で染めた毛の方が重いからだ。

「『連獅子』には尾上流《おのえりゅう》と藤間流《ふじまりゅう》があるのですが、振りが全然違う。尾上流は親子の情愛を軸に美しさを見せる振り。藤間流は激しい動きの振りです。小さい頃から見てたのは、藤間流の『連獅子』の映像だったので、藤間流の振りに憧れていています」

最初に観た『連獅子』の記憶を聞いた。

「十七代目と十八代目の中村勘三郎のおじ様が、親子で演られた時のものです。勘三郎のおじ様（十八代目）が十四歳の時の映像を何回も観ました。最後の毛振りをもうメチャクチャ振っている。もうとにかく速い。首を動かさない。動かしちゃうと、首がゴキッとなってしまう。力だけで持っていくと毛先がからまるので、先端からふわっと行かないといけない。いちばんだめなのが扇風機みたいにグルグル回すだけの振り方です。そして、『連獅子』のいちばん難しいところは、最後の毛振りまで体力を残しておくことなのかもしれません」

十八代目勘三郎の憧れが六代目尾上菊五郎（一八八五〜一九四五年）だった。菊五郎の『鏡獅《かがみじ》子《し》』弥生《やよい》の獅子は、あらゆる筋肉を使ってしなやかな舞を見せていた。弥生の獅子だけでなく菊五郎の舞のすべてが、何よりも大事な手本だった。

染五郎が言う。

「六代目さんはがっしりとした体型でした。昔の日本人は手足が短い。その時代に日本舞踊がつくられたわけですから、それは手足が長い人が演ったら変に見えます。手足が長いのは疎ましいことなのです」

「勘三郎さんとの記憶はありますか？」

「唯一、一緒の舞台に出させていただいたのが『寺子屋』ですね。勘三郎のおじ様が戸浪《となみ》、僕は菅秀才の役をいただいた。その時（五歳）のことをおぼろげですが、覚えてます。お稽古の時とか、とにかくすごく優しくしていただいた記憶があります」

染五郎二歳の時のこと。染五郎は勘三郎の『鏡獅子』の獅子の精が好きで、歌舞伎座で売っていたブロマイドを買ってもらい、勘三郎に見せたという。

「勘三郎のおじ様は憧れの方です」

＊＊＊

八月歌舞伎座。荘厳な鳴りものの中、能がかりの扮装の幸四郎染五郎父子が『龍虎』を舞っていた。

龍・幸四郎、虎・染五郎は二度目の出となり、黒毛と代赭毛《たいしゃげ》（代赭色＝茶橙色《ちゃだいだいいろ》の毛）の頭《かしら》をかぶると勇壮な毛振りを見せていく。虎は狂おしく咆哮《ほうこう》し空に謳《うた》い、地に風を沸き立たせる。迫力ある『龍虎』の衣裳の引き抜きが決まると、客席から拍手と歓声の波が沸き上がり、その熱気は雌雄を決するために死力を尽くして闘う二頭の勇姿を写しとっていく。

じつは染五郎はこの公演中も前半は足のけがを押して舞台に立っていたのだが、染五郎虎に容赦なく挑みかかる幸四郎龍は、まさに天の巨として存在していた。

楽屋では「死にそう」と呟《つぶや》き肩で息をしていた染五郎だったが、中日《なかび》を過ぎてから大きな舞を見せるようになった。そのたくましさに、成長の軌跡を見た。何度も回転しながら虎の勇姿を見せる舞が圧巻だった。

公演が終盤にさしかかった日の舞台後、染五郎に『龍虎』について聞いた。

「日を追うごとに回転の切れが増した」

そう言うと、染五郎は照れたように微笑《ほほえ》んだ。

「足はもう治ってふんばりもできてきた。でも足袋が滑るんです。だから出る前に足袋の裏をほんの少し濡らしたりするんです」

「初日、中日、そして今日と、テンポも違って余裕が出て、虎の風格が漂っている」

染五郎は「ありがとうございます」と素直に頭を下げた。

「初日よりはだいぶいろいろなことを変えているのです。テンポも速くしました」

彼は一呼吸置き話を続けた。

「『龍虎』は役者が自分で隈を考えるのです。代赭毛の頭をかぶってからの隈は、本物の虎の写真を見て、イメージを膨らませた。額の模様は、本物の虎の額の模様。眉の点四つも、本物の虎のまだら模様を表現したものです。鼻の下を黒くして、虎の鼻らしくした。あと、あごは虎の爪みたいにした。『龍虎』の引き抜きの衣裳は重く、楽屋から舞台まで歩くだけで『龍虎』で使うエネルギーの二割は使ってしまう感じでした。とくに強く自分に言い聞かせているのは、龍の存在を意識しないでやることです。意識すると引っ張られていくから」

龍が天の力を持って虎に覆いかかる緊迫感が見せ所となる。龍と虎の死力を尽くした闘いを止めるわけにはいかないだろうに、龍を意識しないという覚悟は並大抵ではない。

「龍としての父の存在は大きい」

染五郎は小さな声で言った。

どこがいちばん苦労したのだろうか。

「龍が一人で踊る場面です。虎は下を向いてじっと座っているのですが、そこが体力的にはいちばん辛《つら》いです。肩で息をしないように、苦しさにひたすら堪えていました」

虎は、清心な姿を静として表す。そして、観客の視線を集め、次の瞬間には激しい動の舞に劇的に変わる。

「虎の動きをまねようと、動物園の虎の動画を見て自分なりに工夫しました」

虎は背中を丸め、爪の生えた手で宙を掻く。

「手の表情、仕草、肩の盛り上がり、背中の丸み。何よりも眼光鋭く、お客様をにらむようにしています。獲物を狙う飢えた感じを出すために、ただひたすら本物の虎に見えるようにやるだけです」

染五郎は『龍虎』には三つの場面転換があるという。

最初の場面は、人が龍と虎を演じている。次に、人間が龍と虎に乗り移り、闘う。そして最後は、双方の決着がつかず静寂な時を迎え、月光に照らされて龍も虎も人間に戻り、棲み処《すか》に帰っていく場面。

人が獣になり、そしてまた人になる。染五郎の解釈だ。

龍虎を演じて得られたものは何かと、最後に問うた。

「南座で演じる『連獅子』のポスター撮影の時、頭が軽く感じられたんです。『龍虎』を経験して体力がついたのかなと思いました。いつか（市川《いちかわ》）團子《だんこ》お兄さんと踊ってみたい」

古代中国の書『易経《えききょう》』に、雲は龍に従い風は虎に従うとある。徳の高い天子の世には賢臣が現れることの譬《たと》えだと聞く。

染五郎は歌舞伎役者として闘魂を刻み風を起こす。


次の演目の開始を知らせるベルが鳴った。

「小さい頃は大きくなったら何になりたかった？」

染五郎に尋ねた。

「はじめは、仮面ライダーでした。歌舞伎役者になろうと思ったのはいつからかとよく聞かれるのですが、なろうっていうか、気がついたらなっていたというのが正直なところです。父は、僕が小さい頃に歌舞伎をやるかどうか僕に聞いて、『はい、します』と答えたというのですが、よく覚えていません」

「生まれかわったらもう一度、歌舞伎役者をやるかと聞かれたら、どうしますか？」

「やりますと、もちろん答えます。何よりも歌舞伎が好きなんです」

「歌舞伎役者である自分を象徴する言葉を書くとしたら、何と？」

「やはり『儚《はかない》』でしょうか」

人が見る夢「儚」、役者冥利を感じさせる言葉だった。

「人に夢」

染五郎が呟くように言った。

「歌舞伎役者はすべてが淡い夢」

染五郎が消え入るような声で言った。

舞台はすべてフィクション、わたしたちが生きているこの現実もじつは夢かもしれない。

「儚」という言葉には役者の肝があった。

高麗屋家系図

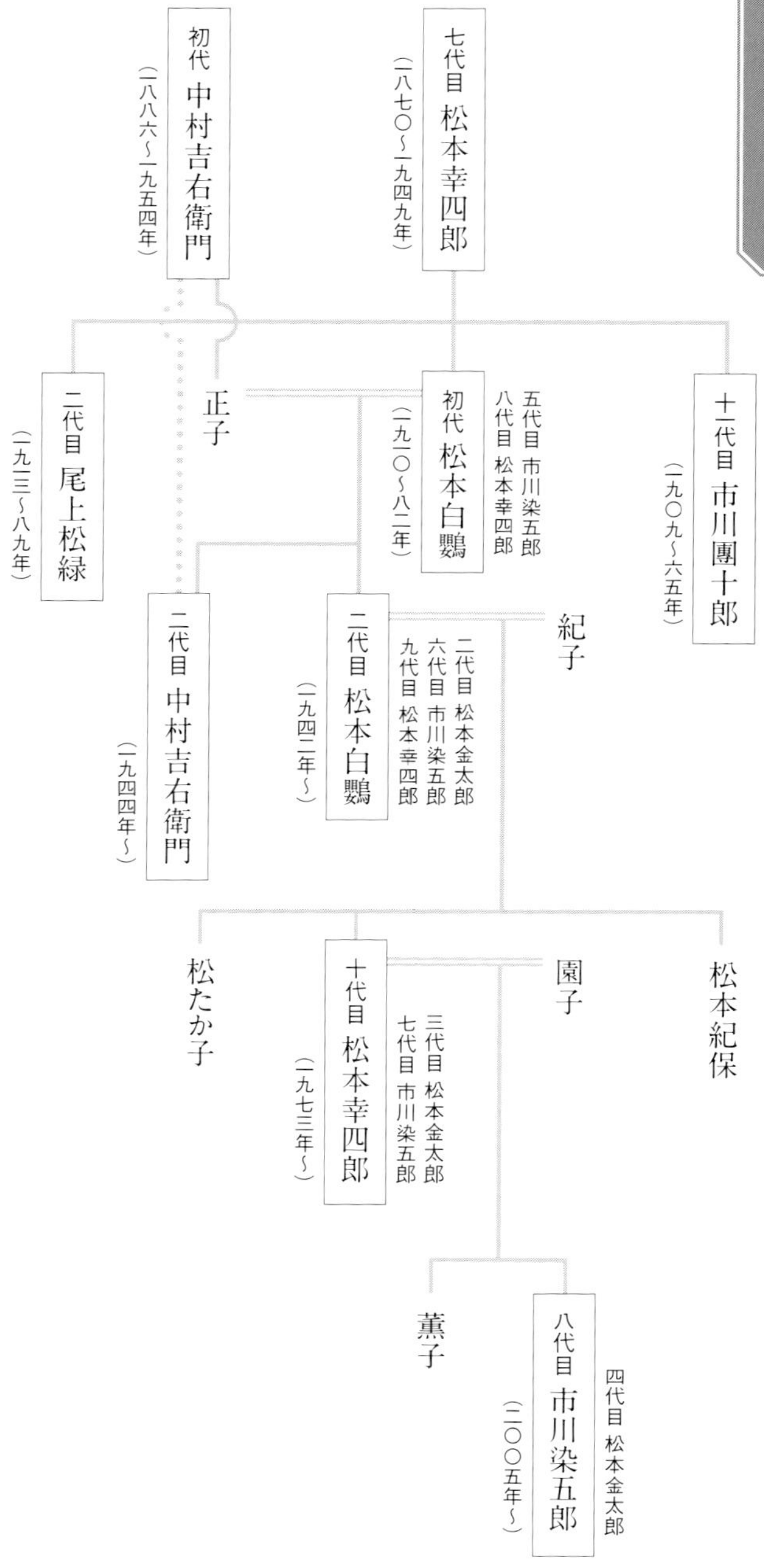

七代目 松本幸四郎
（一八七〇〜一九四九年）
初代 中村吉右衛門
（一八八六〜一九五四年）
十一代目 市川團十郎
（一九〇九〜六五年）
初代 松本白鸚
五代目 市川染五郎
八代目 松本幸四郎
（一九一〇〜八二年）
正子
二代目 尾上松緑
（一九一三〜八九年）
紀子
二代目 松本白鸚
二代目 松本金太郎
六代目 市川染五郎
九代目 松本幸四郎
（一九四二年〜）
二代目 中村吉右衛門
（一九四四年〜）
松本紀保
園子
十代目 松本幸四郎
三代目 松本金太郎
七代目 市川染五郎
（一九七三年〜）
松たか子
八代目 市川染五郎
四代目 松本金太郎
（二〇〇五年〜）
薫子

八代目市川染五郎の軌跡

■2005年（平成17年）
3月27日、東京に生まれる

■2007年（平成19年）
6月2日～26日　歌舞伎座
侠客春雨傘／高麗屋齋吉／藤間齋初お目見得

■2009年（平成21年）
6月3日～27日　歌舞伎座
門出祝寿連獅子／童 のちに 孫獅子の精／
四代目松本金太郎初舞台

■2010年（平成22年）
4月2日～28日　歌舞伎座
菅原伝授手習鑑・寺子屋／菅秀才

4月30日　歌舞伎座
歌舞伎座手締式、閉場式

11月1日～25日　新橋演舞場
ひらかな盛衰記・逆櫓／
槌松 実は 義仲一子駒若丸

■2011年（平成23年）
6月2日～26日　新橋演舞場
夏祭浪花鑑／伜市松

8月9日　日本橋劇場
趣向の華公演
続花形一寸顔見世

■2012年（平成24年）
1月3日～27日　国立劇場
奴凧廓春風／舞鶴屋倅小伝三

3月2日～26日　新橋演舞場
東山桜荘子・佐倉義民伝／宗吾長男彦七

8月9日～11日　日本橋劇場
趣向の華公演
お楽しみトークショー
大和神話武勇功

10月1日～25日　新橋演舞場
勧進帳／太刀持音若

■2013年（平成25年）
2月4日～26日　日生劇場
新皿屋舗月雨暈／酒屋丁稚与吉

4月2日～28日　歌舞伎座
近江源氏先陣館・盛綱陣屋／高綱一子小四郎

10月3日～27日　国立劇場
春興鏡獅子／胡蝶の精

■2014年（平成26年）
4月2日～26日　歌舞伎座
梅雨小袖昔八丈／紙屋丁稚長松

8月23日～25日　日本橋劇場
趣向の華公演
表裏おうち騒動
東海道仇討絵巻

11月1日～25日　歌舞伎座
勧進帳／太刀持音若

■2015年（平成27年）
2月2日～26日　歌舞伎座
水天宮利生深川／幸兵衛娘お霜

9月2日～26日　歌舞伎座
紅葉狩／山神

■2016年（平成28年）
1月2日～26日　歌舞伎座
二条城の清正／豊臣秀頼

8月9日～28日　歌舞伎座
東海道中膝栗毛／信夫の若君伊月梵太郎

11月30日　高知市文化プラザかるぽーと
連獅子／狂言師 のちに 仔獅子の精

■2017年（平成29年）
8月9日～27日　歌舞伎座
東海道中膝栗毛 歌舞伎座捕物帖／
伊月梵太郎

11月1日～25日　歌舞伎座
元禄忠臣蔵・大石最後の一日／細川内記

■2018年（平成30年）
1月2日～26日　歌舞伎座
口上／
八代目市川染五郎襲名 三代同時襲名披露
勧進帳／源義経

2月1日～25日　歌舞伎座
八代目市川染五郎襲名 三代同時襲名披露
寿三代歌舞伎賑 木挽町芝居前
仮名手本忠臣蔵 祇園一力茶屋の場／
大星力弥

8月9日～27日　歌舞伎座
龍虎／虎
再伊勢参!? YJKT 東海道中膝栗毛／
伊月梵太郎

11月1日～25日　京都四條南座
口上／
八代目市川染五郎襲名 三代同時襲名披露
連獅子／狂言師左近 のちに 仔獅子の精
勧進帳／源義経

市川染五郎（いちかわそめごろう）

歌舞伎役者。2005年3月、東京都生まれ。2007年6月、歌舞伎座『侠客春雨傘』高麗屋齋吉役で、本名の藤間齋として初お目見得。2009年6月、歌舞伎座『門出祝寿連獅子』童のちに孫獅子の精役で、四代目松本金太郎を名乗り初舞台を踏む。そして、2018年1月、歌舞伎座『勧進帳』源義経役他で、八代目市川染五郎を襲名。祖父・二代目松本白鸚、父・十代目松本幸四郎とともに高麗屋三代襲名披露を行う。

操上和美（くりがみかずみ）

写真家。1936年北海道生まれ。ファッション、広告の分野を中心に、フィルムディレクターとしても活躍を続ける。講談社出版文化賞写真賞、毎日デザイン賞、日本宣伝賞山名賞などを受賞。おもな写真集に、『NORTHERN　操上和美写真集』（スイッチ・パブリッシング）、『陽と骨』（PARCO出版）など。

新井敏記（あらいとしのり）

編集者、作家。1954年茨城県生まれ。1985年『SWITCH』、2004年『Coyote』、2013年『MONKEY』を創刊し、3誌の編集長、発行人を務める。2015年伊丹十三賞を受賞。著書に、『人、旅に出る「SWITCH」インタビュー傑作選』（講談社、のち『SWITCH STORIES　彼らがいた場所』—新潮文庫—と改題）など。

「二 旅する」「三 紐解く」は、『SWITCH』2017年11月号「襲名前夜 松本金太郎」の記事を再構成しました。

協力：株式会社Koma.／SWITCH編集部／婦人画報編集部／早稲田大学演劇博物館／アンクルセット（衣裳）／AKANE（ヘア&メイク）／イイノ・メディアプロ（写真レタッチ）

儚 はかない 市《いち》川《かわ》染《そめ》五《ご》郎《ろう》

2018年11月1日　第1刷発行

著者　市川染《いちかわそめ》五郎《ごろう》
写真　操上《くりがみ》和美《かずみ》
文　新井《あらい》敏記《としのり》

発行者　渡瀬昌彦
発行所　株式会社 講談社
〒112-8001 東京都文京区音羽2-12-21
電話　編集 03-5395-3535　販売 03-5395-3625　業務 03-5395-3615
印刷所　慶昌堂印刷株式会社
製本所　大口製本印刷株式会社

N.D.C. 774 143p 22cm ISBN978-4-06-512581-6